लोक : परम्परा, पहचान एवं प्रवाह

लोक : परम्परा, पहचान एवं प्रवाह

श्यामसुन्दर दुबे

राधाकृष्ण प्रकाशन

ISBN : 978-81-7119-812-2

लोक : परम्परा, पहचान एवं प्रवाह

पहला संस्करण : 2003
चौथा संस्करण : 2019
This book is printed on **Print on Demand** Technology : 2025

मूल्य : ₹595

प्रकाशक
राधाकृष्ण प्रकाशन प्राइवेट लिमिटेड
जी-17, जगतपुरी, दिल्ली-110 051

शाखाएँ : अशोक राजपथ, साइंस कॉलेज के सामने, पटना-800 006
पहली मंजिल, दरबारी बिल्डिंग, महात्मा गांधी मार्ग, प्रयागराज-211 001
1, अनमोल सोराबजी संतुक लेन, धोबी तलाव, मरीन लाइंस, मुम्बई-400 002
वेबसाइट : www.radhakrishnaprakashan.com
ई-मेल : info@radhakrishnaprakashan.com

LOK : PARAMPARA, PAHACHAN EVAM PRAVAH
by Shyam Sunder Dubey

क्रम

परम्परा

लोक-लय के उत्स

लोकगीत का अति लघु रूप कार्यरत श्रमिक वर्ग के स्वरों में लघु पंक्तियों के रूप में ही फूटा होगा—यह उतना ही सत्य है जितना भाषा के उद्‌भव के साथ श्रमपरिहरण मूलक सिद्धान्त को स्वीकार किया जाता है। लोकगीत उद्‌भव की तलाश प्रकृति, परिवेश और जैविक स्थितियों से अलग हटकर नहीं की जा सकती। मांसपेशियों के सिकुड़ने और फैलने, श्वास के तेज होने और शरीर के प्रत्येक अंग को संचालित करने के लिए अतिरिक्त ऊर्जा के प्रयोग से मन के भीतर भी हलचल होती है और उस हलचल के परिणामस्वरूप ही अनायास कुछ ध्वनियाँ मुख से उच्चरित हो उठती हैं। ये किसी एक भाषा का स्वरूप धारण नहीं कर पातीं। इन ध्वनियों में गति, लय और आरोह-अवरोह होता है। इन्हीं अस्फुट ध्वनियों से उन ठेकों का विकास हुआ है जिन्हें धोबी कपड़ा धोते समय या मल्लाह चप्पू चलाते समय उच्चारते हैं। किन्तु एक विशेष प्रकार के श्रमिक वर्ग के मुख से निकली ध्वनियों को लोकगीत का उत्स मान लेने पर लोकगीत की भीतरी शक्तियों और बाह्य संरचना से समग्र परिचय नहीं मिल सकता।

शारीरिक श्रम के रूप में कुछ अन्य उदाहरण और लिए जा सकते हैं। क्रीड़ारत बालकों द्वारा उच्चरित ध्वनियों का एक उदाहरण है—दौड़ने से श्वास फूलने से शरीर-तन्त्र में जो आन्दोलन हुआ, उसकी निकासी ही निरर्थक किन्तु छन्दात्मक ध्वनियों द्वारा होती है—"लाल पलेंचा दुबे का लड़का दौंचक दौंचा", "खेल कबड्डी आने दे—तबला बजाने दे", "तू तू तू तुआ तार" जैसे उदाहरणों में "तू तू तुआ तार" प्रारम्भिक ध्वनि-समूह है और उन ध्वनियों के बाद ही तुकात्मक निरर्थक ध्वनियों का क्रम आता है। दूसरा उदाहरण प्रेम करते हुए या सम्भोगरत जोड़े का लिया जा सकता है। शरीर-घर्षण तथा रत्यावेश से उत्पन्न हुई हलचल सीत्कार, अस्फुट, संघर्षी ध्वनियों एवं आह्लाद विस्फूर्जित ऊहात्मक ध्वनियों से ग्रहण किया जा सकता है। जाँता गीत (चक्की गीत) भी श्रम से उत्पन्न लोकगीत के रूप में लिया जाएगा, किन्तु यह प्रक्रिया बहुत बाद की है। जाँता की गति उसकी घर्र-घर्र आवाज और शारीरिक घुमाव इन गीतों की घहराती घूमती लय में प्रयुक्त है। इन उदाहरणों से यह स्पष्ट हो जाता है कि श्रम से उत्पन्न ध्वनियों के पीछे विभिन्न मूड्स रहते हैं। केवल श्रमपरिहरण के लिए इन ध्वनियों की सार्थकता नहीं है। लोकगीतों में जहाँ स्त्री-पुरुष के मिलन के प्रसंग आते हैं, वहाँ उनमें धुन का उतार-चढ़ाव शारीरिक गतियों के आधार पर होता है। रति-प्रक्रिया के सम्पूर्ण मूड्स इस

प्रकार के लोकगीतों में होते हैं। बुन्देलखंड की 'राई' के चढ़ाव-उतार में यह प्रक्रिया अनुभव की जा सकती है। खेल में प्रयुक्त होनेवाली धुनें भी शरीर की गतिशीलता और उसकी दिशाओं पर निर्भर करती हैं। धुन को एकदम आरोही करना और तीर के समान उसे सीधा खींचना 'तुआ तार...' शरीर की तीव्र धावमानता व्यंजित करती है। जब फिरकनी देकर या घेरे में घूमकर खेल होता है, तब धुन भी जिक जैग या वृत्ताकार होकर चलती है। 'बच्चड़, बच्चड़, बच्चड़' और 'घोर घोर रानी–इत्तन इत्तन पानी' आदि को उदाहरणार्थ लिया जा सकता है। जैविक चेतना के परिवर्तनों का प्रभाव सूक्ष्म मनोजगत पर पड़ता है। और लोकगीत इसी मनोजगत की अभिव्यक्ति हैं। शृंगार, उत्साह, दैन्य, प्रार्थना, स्तवन इन सभी भावों के आधार पर ही ध्रुव पंक्ति, तुक-तान आवर्ती क्रम आदि का निर्धारण हुआ है। फाग, कजरी, बिरहा में धुन का मचलता, घुमड़ता और उलंगता रूप, बुन्देलखंड के एक लोकगीत 'ढिमरआई' में उछलती मछली-सी धुन और डूबती-उतराती स्वर-लहरी मन की शृंगारिक चेष्टाओं को व्यक्त करती है। इनमें शब्द उतने महत्त्वपूर्ण नहीं होते जितना कि इनका गायन-सम्भार। केवल धुन, ताल और लय के आधार पर ही अनुभाव स्थिर होता है। इन लोकगीतों में अन्तरा तथा टेक का विशेष महत्त्व होता है। टेक का विकास यद्यपि ध्रुव पंक्ति से माना जा सकता है किन्तु टेक को आधार देनेवाली गुहार–हो, हो, रे, रे, आदि में ध्रुव पंक्ति पूँछ-रूप में जीवित रहती है। टेक अपनी स्वतन्त्र सत्ता कायम कर लेती है। टेक के बाद छन्द या उड़ान आता है और फिर अन्तरा, अन्तरा के बाद टेक दुहराई जाती है। इन सबमें मल्लाहों के 'हैया हो' का केवल 'हो' सुरक्षित है तथा धोबियों के 'छियो राम' का 'राम'–'हे राम' प्रायः बिरहा की टेक को तकिया देता है। गारियों में ध्रुव पंक्ति 'हॉजू' 'कैयो जू' जैसी अर्द्धालियों में ढूँढ़ी जा सकती है। यहाँ ये सम्बोधनात्मक, प्रश्नात्मक या स्वीकृतिमूलक हैं। सम्बन्धों की ऊष्मा और रागवृत्ति का अनुमान उनसे सहज लगाया जा सकता है। 'हैया हो' चप्पू के चलाने में बाहुओं के जोर और नाव के हिलने-डुलने तथा मन की लहराती स्थितियों से उत्पन्न ध्वनिगुच्छ है, जो गति के भाव को नहीं गति की धुन को विस्तार देता है और ध्रुव विस्तार ने गीत की लयात्मकता को व्यापक आधार प्रदान किया। मल्लाही संस्कृति इस देश की प्राचीन संस्कृतियों में से है, अतः मूल वक्तव्य की इस प्रपत्ति को अस्वीकृत नहीं किया जा सकता है कि लोकगीत ध्रुवपंक्ति का विस्तार 'हैया हो' से हुआ है। किन्तु समग्र लोकगीतों को इस आधार पर परखना गलत हो जाएगा। लोकगीत की धुन-निर्माण में शारीरिक हलचल का महत्त्वपूर्ण स्थान है और जैविक कम्पनों की ही सिम्फनी लोकगीतों में मिलती है।

वातावरण के असर को भी लोकगीतों की संरचना में खोजना आवश्यक हो जाता है। चरवाही संस्कृति के मूल से आए लोकगीतों में शारीरिक स्पन्दनों का उतना महत्त्व नहीं है जितना आसपास के अनुभव से उत्पन्न मन की भावुकता का है। जन संकुलता की कमी, जंगलों का एकान्त और प्रकृति का सहज सान्निध्य मन को कभी शंकित, कभी भयभीत और कभी आह्लाद-विस्फारित करता है। मन के इसी आकुंचन और विस्फारण

से चरवाहे के मुँह से लोकगीत फूटे होंगे। एकान्त और सूनेपन में आदमी की आवाज ही उसका साथ देती है। इस आवाज से वह भय-मुक्ति का प्रयास भी करता है। साहस बटोरता है। चरवाहे ने अपना एकान्त अपनी ही आवाज से तोड़ा। इस प्रकार से चरवाही लोकगीत (पेस्टोरल सांग्स) का जन्म हुआ। इनमें व्यक्तिगत सुख-दुखों के अनुभव रहते हैं। इस तरह के लोकगीतों में शब्द कम होते हैं। मात्र एक या दो पंक्तियाँ ही होती हैं। इनकी धुन लम्बी होती है। इसीलिए इन्हें 'लमटेरा' कहते हैं–जिनकी टेर लम्बी हो। जंगल के विस्तार में जनमी गूँज और दिशाओं तक फैलती आवाज के अनुकूल ही धुन का निर्माण किया गया है। छत्तीसगढ़ में 'ददरिया' लोकगीत की धुन में चरवाहे के मनोभाव और जंगल की उपस्थिति को प्राप्त किया जा सकता है। गृहासक्ति, विशेषतः प्रिया की स्मृति इन लोकगीतों में जिस हूक और जिस टेर को जन्म देती है, वह इनकी टेक के अन्त में खींचे गए आरोह में अनुभव की जा सकती है।

आदिम काल में भय से मुक्ति की कामना के लिए व्यक्ति ने अपने भीतर झाँकने की कोशिश कम ही की है। उसकी मेधा इतनी विकसित नहीं थी कि अपने आसपास को वह अच्छी तरह से समझ सके। प्रकृति उसके लिए रहस्य स्वरूपा थी। देवता और अपने से अलग रक्षक की कल्पना मनुष्य ने सर्वप्रथम प्रकृति के विभिन्न उपादानों–सूर्य, समुद्र, पवन आदि की अति शक्ति से प्रभावित होकर की और इनकी प्रार्थना में उसकी ध्वनि फूटी। इस तरह की रचनाओं में वेदों की ऋचाओं का बार-बार उल्लेख किया जाता है। ये दार्शनिक मन की सुव्यवस्थित विचारोंवाली रचनाएँ हैं, अतः इन्हें 'पेस्टोरल सांग्स' कहना उचित नहीं है। इसी के समानान्तर लोक बोलियों में मिलनेवाले भक्ति गीत–भगत, पचरा, बमभुलिया आदि को लोकगीतों में परिगणित किया जा सकता है। आदिवासी क्षेत्रों में देव को मनाए जाने के लिए गाए जानेवाले गीतों में नाच और गान की परम्परा है। इन गीतों की धुन ऊबड़-खाबड़ और किंचित भयप्रद है। मन्त्र-परम्परा की धुन से इनका साम्य है। गुनिया इस मन्त्र की हक्कारी भरता है, तब वातावरण एकबारगी काँप उठता है। कृष्ण और राम के वृत्त से सम्बन्धित लोकगीतों की रचना का काल बहुत बाद का है। इनसे सम्बन्धित लोकगीतों का भाव और शिल्प जीवन के सभी पक्षों से सम्बन्धित है। ऋतु गीतों के लिए प्रकृति की हलचल ही आधार रही है। उसकी प्रत्येक हरकत को लोकगीतों की धुन में बाँध लिया गया है। पानी का बरसना, झरने का बहना, बादल का गरजना आदि इनकी क्रियाएँ, धुन अनुषंगों को प्रभावित करती रही हैं। इसके साथ ही प्रकृति के रंगों, रूपों आदि के धुन को चटख और श्लथ बनाया है।

कथात्मक या प्रदीर्घ लोकगीत फुरसत की रचनाएँ हैं जिनका सृजन अथाइयों और चौपालों में हुआ है। साहस और शौर्य, चमत्कार और रहस्य, वेदना और करुणा की कथाएँ–चौपालों में कउड़े पर बैठा ग्रामीण शताब्दियों से सुनता आ रहा है। इन्हीं कथाओं को और अधिक सम्प्रेष्य एवं प्रभावशाली बनाने के लिए इनको पद्यात्मकता प्रदान कर दी गई। आल्हा गाने का समय बुन्देलखंड में वर्षा-ऋतु का है।

इस प्रकार जैविक प्रकृतिपरक एवं भावनात्मक कारण लोकगीतों के कथ्य और शिल्प के उद्‌भव में स्वीकार किए जा सकते हैं। जातीय-स्मृति लोकगीतों में ही सुरक्षित है। लोकगीतों की लय, लोकगीतों की भाषा-संरचना, लोकगीतों का कथ्य इन सब में मानवीय चेतना के आदिम प्रसंगों को तलाशा जा सकता है। ये उन्हीं मूल संवेदनों से हमें आज जोड़ते हैं। हमारे संस्कारों की प्रारम्भिक पर्तों को स्पन्दित करने की शक्ति बार-बार हमें उन्हीं अनुभवों में ले जाती है, जहाँ से अनुभव की यात्रा प्रारम्भ हुई थी। ऐसे अनुभव से जुड़ना जड़ की प्राण-शक्ति से जुड़ना है। हम इस बात से इत्तिफाक नहीं कर सकते–"इस प्रकार लोकगीत अपनी लय और धुन कथात्मकता एवं पुनरावृत्ति की शैली के आधार पर अपने अंचल विशेष की जन संस्कृति की संवेदना को व्यक्त करते हैं।" लोकगीतों की लय जीवन की असल लय है। चाहे वह श्रमिक-समूह से आई हो, चाहे प्रकृति प्रेरित हो, चाहे उसे मन की व्याकुलता ने गुँजाया हो। समूह जीवन की जातीय-चेतना लय के आन्तरिक स्पन्दनों में धड़कती है–शब्द-ध्वनि में व्यक्त होती है–शब्द के अनुभव संसार अर्थ में लीन होती है।

लोकगीतों की चर्चा के साथ वाद्य-यन्त्रों की चर्चा आवश्यक है। छत्तीसगढ़ के मांदर की ठनक, बुन्देलखंड की नगड़िया की गड़गड़ाहट, ब्रज की बाँसुरी की मार्दवता और वेधकता, सपेरे की बीन की सनसनाती टीस को भी लोकगीतों ने आत्मसात् किया है। जहाँ नृत्य और गीतों का प्रस्तुतीकरण साथ-साथ होता है वहाँ इन वाक्यों की भूमिका गीतों की धुन-निर्माण में बहुत सहयोगी रही है। छत्तीसगढ़ के करमा की लय मांदर की ठनकार से सामंजस्य स्थापित करती हुई आरोह करती है। बाँसुरी और बीन का प्रयोग लोकगीतों के गायन में बहुत बाद में हुआ, अतः इनके स्वरों की सूक्ष्म झंकृतियाँ प्रायः सभी स्थलों के लोकगीतों में मिलती हैं।

हिन्दी के आधुनिक गीतों की आन्तरिक लय का प्रयोग निराला ने कहीं-कहीं अपने गीतों में किया है। बच्चन में यह लय आरोपित है। शब्दों की कारीगरी और तुक के फेर में लोक की सहजता 'महुआ के नीचे मोती झरे और पिआ जाओ लाओ नदिया से सोन मछरी' में नष्ट हो गई है। सर्वेश्वर दयाल सक्सेना ने इक्के-दुक्के जो भी प्रयोग किए हैं वे प्रयोग मात्र हैं; अतः उनके गीतों में लोकगीतों की लय का टटकापन है। गुलाब सिंह और अनूप अशेष जैसे गीतकार अपने गीतों में लोकगीतों की लय लाने के लिए प्रयत्नशील हैं किन्तु इन्हें यह ध्यान रखना आवश्यक है कि लोक-जीवन के अनुभव से ही लोक-लय निःसृत होगी। इधर लोक संस्कृति का शोषण बहुत हो रहा है। पढ़े-लिखे जनों की चालाकियाँ कभी लोक-नृत्यों का, कभी लोक-मंचों का और कभी लोकगीतों का शोषण बेरहमी से कर रही हैं। सिनेमा के गीतों में लोकगीतों की लय का स्वाँग भरा जाता रहा है।

लोक-लय के प्रयोग

उन दिनों सरगुजा में आकाशवाणी केन्द्र खुला-खुला ही था। केन्द्र निदेशक श्री अमीक हनफी रुचि-सम्पन्न कवि-हृदय व्यक्ति थे। उन्होंने सरगुजा के लोकगीतों के संकलन का कार्य प्रारम्भ किया। वहाँ के प्रचलित लोक-रागों की स्वरलिपियाँ तैयार कराईं। इसके पूर्व मैंने भी वहाँ के लोकगीतों का एक संकलन तैयार कराया था। अतः स्वाभाविक था कि मैं श्री हनफी के कार्य से अपनी संलग्नता महसूस करता। गाहे-बगाहे उनसे इस सम्बन्ध में बातचीत भी होती थी। उन्हें महसूस हो रहा था कि सरगुजा के जितने भी लोकगीत हैं, उनमें सोलह मात्राओं से अधिक की राग-चेष्टा नहीं है। ददरिया, करमा, छेरता आदि लोकगीतों की बन्दिशों का विस्तार सचमुच इन्हीं मात्राओं में विकसित होता था। मेरा सम्बन्ध बुन्देलखंड से रहा है, अतः मैंने बुन्देली लोकगीतों की बात उनके समक्ष रखी और वहाँ की लोकगायकी के वैविध्य की चर्चा की। बुन्देली में दादरा, फाग, सोहर, राई, नारदी, बमभुलिया, लमटेरा, मछरयाऊ, गारी, कहरबा आदि न जाने कितने प्रकार की लोक-रागिनियाँ प्राप्त हो जाती हैं। लोक-रागों में यह विस्तारगत अन्तर कैसे आ गया और इनको प्रभावित करनेवाले तत्त्व कौन-कौन से हैं—इन मुद्दों पर हमारी अकसर बहस होती रहती थी, लेकिन किन्हीं निश्चित निष्कर्षों पर हम नहीं पहुँच पाए, और इस बीच हमारे इस तरह के संवाद का सिलसिला ही खत्म हो गया। मेरे भीतर बार-बार यह बात कौंधती रही कि लोक की असल सीमारेखा क्या हो सकती है ? कम-से-कम कलाओं के क्षेत्र में तो उस तक किसी-न-किसी तरह पहुँचने का प्रयत्न किया ही जा सकता है।

लोक-कलाएँ मानवीय चेतना के विकास के साथ सहज-स्फूर्त चेष्टाएँ हैं। उसके सौन्दर्यपरक मानसिक अनुषंगों की अभिव्यक्ति के रूप में ये अस्तित्ववान हुईं। आदिम मनुष्य के भीतर की सृजनात्मक चेष्टाएँ उसके प्रकृष्टतम भाव-बिन्दुओं की उपज हैं। कलाओं की सृष्टि के साथ ही मानव-सभ्यता के विकास का सूत्रपात हुआ। मनुष्य के भीतर की स्फुटित प्रेरणा विभिन्न कला-माध्यमों में बाह्य प्रतिक्रियाओं के परिणामस्वरूप ही उजागर हुई। इस प्रकार के अध्ययन की एक उपपत्ति यह भी है कि मनुष्य की आदिम कलाएँ उसकी श्रम-मूलक चेष्टाओं से ही निष्पन्न हुई हैं। श्रम के साथ-साथ प्रकृति की उत्तेजक परिवर्तनशीलता, उसके क्रियाकलाप और उसकी भाव-परक आसक्ति भी लोककलाओं को आविष्कृत करने में सहयोगी रही है। मनुष्य की अपनी मानसिक दशाएँ—एकांतिकता, रमण-मूलक उत्तेजना क्षण, भूख-प्यास, समूह-भाव, विपरीत लिंगी

आकर्षण, उम्र के चढ़ाव-उतार और जैविकीय परिवर्तन भी लोक-कलाओं के लिए प्रेरणा-बिन्दु रहे हैं। पशु-पक्षियों की अनेकशः चेष्टाएँ, रूपाकृतियाँ एवं उनकी ध्वनियाँ भी कला-संसार के विस्तार में सहयोगिनी रही हैं। लोक-कलाएँ वैयक्तिक और सामूहिक संघातों की सहजात अभिव्यक्तियाँ हैं। अकेले व्यक्ति के चाव ने, चिन्ता ने, श्रम-योजना ने, प्रकृति उद्दीपन ने जहाँ लोक-मानस को कला-सृजन के लिए उत्प्रेरित किया, वहीं समूह चेतना, उत्सवी-उत्साह ने, फसलों और वृक्षों की फलभरता ने, सामूहिक आयोजनों ने कलाओं को रूपायित किया। प्रारम्भ में इन कला-सर्जनाओं में प्रकृति और मानव की हिस्सेदारी ही प्रमुख रही होगी—झरनों की ध्वनि, नदी की लहरों का अनुनाद, हवा की साँय-साँय, कलियों की चटकारी, पक्षियों का कूंजन, फसल का लहराना, शाखा का हिलना, पशुओं का गतिशील होना, झुकना, झूमना, दुबकना, ऋतुओं के अनुसार फूलों और पत्तों के रंगों में परिवर्तन होना—आदि प्राकृतिक क्रियाओं और परिवर्तनों ने कला-संवेदनों को झंकृत किया। कालान्तर में मानवीय क्रियाकलापों की हिस्सेदारी भी कला जगत् में दाखिल हुई—नाव चलाना, चक्की पीसना, हल हाँकना, उगाहनी करना, लकड़ी चीरना और काटना जैसी कृषिकर्म प्रधान श्रम चेष्टाओं का महत्त्व इस रूप में स्वीकार किया जाएगा। बाह्य जीवनगत सन्दर्भों के साथ-साथ मानवीय मस्तिष्क के अन्दरूनी पक्षों ने इस क्षेत्र में अपना प्रभाव छोड़ा। मस्तिष्क का वह हिस्सा जो आदिम संस्कारों से परिपूर्ण था—सभ्यता विकास के साथ-साथ सिमटता गया किन्तु उसकी समाप्ति नहीं हुई। इन अवशिष्ट संस्कारों ने भी लोक-कलाओं को विस्तार दिया। टोने-टोटके, भूत-प्रेत की अवधारणा ने कलाओं के क्षेत्र में कर्मकांडीय अनुष्ठानों का समावेश कराया जो बाद में धार्मिक अनुष्ठानों में पर्यवसित हो गए। चारागाही संस्कृति ने उन्मुक्त प्रकृति साहचर्यपरक कला चेतना का उदय किया। यही लोक कलाओं के असल संवेदन थे—जिनका विभिन्न सांस्कृतिक दौरों में परिमार्जन, परिसंगृथन और परिव्यवस्थापन होता रहा, कृषि संस्कृति ने त्यौहारी और उत्सवी मानसिकता को विकसित किया, उसमें समूह-चेतना का लोक-व्यापीकरण सम्भव हुआ। यहीं से धार्मिक कर्मकांड में परिपोषित होनेवाली कला दृष्टि विकसित हुई। यही वह काल था जब लोक-कलाओं के भीतर अनुशासन की तलाश होने लगी थी। इसी अनुशासन ने शास्त्रीयता को जन्म दिया। लोक-कलाओं को नियमों और विधानों में बाँधा गया। उनमें निजंधरी कथावृत्तियों को सूत्रित किया गया। इस शास्त्रीयता को फिर एक बार लोकोन्मुखी होना पड़ा। यह प्रक्रिया कब प्रारम्भ हुई—स्पष्ट रूप से नहीं कहा जा सकता किन्तु यह अवश्य कहा जा सकता है कि आज की अधिकांश लोक-कला सृष्टियाँ इस द्वितीय क्रम से प्रभावित हैं। इन तथ्यों को लोकगीतों के सन्दर्भ में परखने का प्रयास करेंगे।

आदिवासी क्षेत्रों में लोकगीतों में न अधिक राग-रागिनियों का समोवश होता है और न ही उनका शब्द-संयोजन अधिक लम्बा रहता है। कथात्मकता तथा विवरणात्मकता का तो उनमें एकदम अभाव ही रहता है। अक्सर वह एक प्रतिक्रिया पंक्ति होती है—

प्रकृति में रंगों, पत्तों, फूलों की प्रक्रियाओं से मेल खाती भावनाओं की मनुष्य की एकांतिकता को तोड़ने के लिए जो प्राकृतिक हरकतें सहयोग कर सकती हैं उनका उल्लेख तथा गायक की भावना का मिला-जुला संसार यह प्रतीक पंक्ति होती है। आदिवासी इलाकों के लोकगीतों की लएँ एकदम आदिम आरोहों-अवरोहों में ही जीवित रहती हैं। करमा-गायन या करमा-नृत्य झूमती धान की फसल को परिलक्षित करता है। एक सीधी उठान और उसका फैलाव और पुनः उसका सिमटाव, सतत वृत्तों की सृष्टि, घूम-घूमकर वहीं आ जाना, उसी एक ही पंक्ति की लय के वृत्तों को क्रमशः कम करते जाना और फिर उस वृत्त को पुनः फैलाना, इसी लय-विस्फार में ये लोकगीत चलते हैं। आदिवासी क्षेत्र से अधिक विकसित क्षेत्रों के लोकगीतों में राग-रागिनियों की बहुलता पाई जाती है। बुन्देली लोकगीतों में नारदी, फाग, भजन, दादरा न जाने कितनी राग-रागिनियाँ हैं। ये रागिनियाँ निश्चित ही शास्त्रीय-गुम्फ से छिटकी हुई हैं। लोकजीवन में जब शास्त्रीयता पहुँच गई होगी तब, इसी में से ये लोक रागिनियाँ फूटी होंगी। सामाजिक चेतना निरन्तर निषेधात्मकता में विकसित होती है। लोक को सभ्यता से बढ़ते आवर्तों ने अस्वीकार किया। दरबारों की गायकी धीरे-धीरे लोक तक पहुँची और लोक ने अपने को अधिक सभ्य प्रतिपादित करने के लिए इन रागनियों को अपने अनुरूप ढाल दिया। सामन्तवादी संस्कार कला के क्षेत्र में यहीं से पनपे। बुन्देली के ऐसे सैकड़ों लोकगीत हैं जिनमें लोकमन की अभिव्यक्ति नहीं है। शिष्ट या सभ्य मन ही अधिक मुखरित हुआ है। इन गीतों में सामन्ती जीवन-पद्धति का पोषण है—'बैठी ही रइयो रानी सतखंडा पे खइयो डबन के पान' निश्चित ही उस व्यवस्था का पोषण करनेवाली पंक्ति है जिसमें श्रम के प्रति आस्था नहीं है। मध्यकालीन जीवन दर्शन से प्रभावित लोक अपने सहज स्वरूप से स्खलित होता रहा है। लोक व्यवहारों में जैसे-जैसे परिवर्तन आते गए वैसे-वैसे लोकगीतों में तब्दीलियाँ होती गईं। उसकी विषय-वस्तु में, उसकी संरचना में, और उसकी गायकी में इनको स्पष्ट रूप से रेखांकित किया जा सकता है। लोकगीतों में धार्मिक प्रयोजनों को बहुत पहले से ही उत्प्रेरित किया जाने लगा था। उपासना केन्द्रों के आधार पर मध्यकाल में उन्हें विभाजित किया गया। 'भगत' इसका अच्छा उदाहरण है। भक्तिकालीन साहित्य की निवेदनपरकता, निर्वेदता और दर्शनवृत्ति इनमें समाहित है। देवताओं की महिमा और उनकी अपराजेयता की कथाओं से जुड़ी इन रचनाओं में मानवीय करुणा और आस्था भी हिल्लोलित है। इनकी प्रतीक संरचना में लोक-मन की उन्मुक्त उड़ान का वह आकर्षण है, जो उसकी आदिम लोक-वृत्तियों में सुरक्षित रहा है। 'इक बन ढूँढ़ी, दो बन ढूँढ़ी तीजे बन ढूँढ़न जाए हो माँ' इस तरह की लोक-आकांक्षापूर्ण पंक्तियाँ इन गीतों में यदा-कदा ही मिलती हैं अन्यथा लोक के नगरीकरण के आसार इसके समूचे परिवेश में ध्वनित होते हैं—'ऊँची अटरिया लाल किवरियाँ सूरज सामू दोर हो माँ', 'गंगा जमुन की बारू रेत में माई ने हिंडोला घलवाए हो।' मोतियों की माला, रतन-जतन की चूड़ियाँ, रेशम के वस्त्र आदि साज-सज्जा स्पष्ट कर रही है कि विकसित सभ्यता ने क्रमशः लोक को बेदखल करना इसी चरण में प्रारम्भ कर दिया था। विभिन्न

प्रकार के संस्कार गीतों में भी वह प्रवृत्ति परिलक्षित होती है। केवल लयकारी शेष है और गीतों का परिवेश परिवर्तित हो रहा है। यहाँ तक कि आदिम राग को प्रयोग के आधार पर कुछ नए रागों में ढालने का सिलसिला इसी समय शुरू हो जाता है। बन्ना जैसे लोकगीतों में शास्त्रीयता की झलक मिलती है–"केशर की क्यारी बिबाओ बना को केशर सोहे", "ईरी रंगों पीरी रंगों रँग दऊ चारउ रंग तोरो सुवाफा में रंग दऊ।" जब ये गीत किसी शिष्ट मन के द्वारा रचे जा रहे थे–तभी किसी कुशल शास्त्रीय गायक द्वारा इनका राग-निबन्धन हो रहा था। यह जुगलबन्दी एक नए लोक की सृष्टि कर रही थी। इस समय तक जो एकदम आदिम लोकगीत थे, वे लुप्त होने लगे थे क्योंकि उनकी ओर से तत्कालीन समाज का ध्यान ठीक उसी तरह कट गया था जैसा कि आज हमारे साथ भी हो रहा है।

अभी भी लोकगीतों के कुछ प्रकार ऐसे हैं जो अनेक परिवर्तनों के बाद भी ज्यों-के-त्यों हैं। ये लोकगीत अधिकतर जातिगत चेतना से जुड़े हैं। जातीय स्मृतियाँ इनके राग-संसार में, कहीं भाषा में और कहीं प्रतिपाद्य में संगठित हैं। बुन्देली के मछरयाऊ लोकगीत में जो राग संवेदना है वह आदिम लय को उजागर करती है। राई और लमटेरा में भी लोक-मन का बिम्ब भी प्रकट होता है। राई में प्रेम की एक सहज निश्चल अनुभूति है। तथाकथित शिष्ट और कर्मकांडीय इलाकों में राई एक बहिष्कृत रागिनी है। इसे नानी जातियों की गायकी माना जाता है। उच्चभ्रू सभ्यता का यही दोष है कि वह जो कुछ आदिम है–सहज है–लोकजात है–उसे अस्वीकृत करती चलती है। राई में कर्मकांडीय अनुष्ठानों का प्रयोग बाद में हुआ। राई नृत्य में जो गति-भंगिमा और पादनिक्षेपण है, वह शास्त्रीयता के पूर्व की रचना है। बहुत सम्भव है कि कत्थक जैसी नृत्य शैलियों में राई का भी योगदान हो। ध्रुपद गायकी में भी राई की आघूर्णन शक्ति को पाया जा सकता है। 'बूँदा ले गई मछरिया हिलोर पानी' या 'गुईयाँ पानी ने जाओ पीपर के पत्ता में देवता' जैसे बोलों में लोकमानस ही प्रतिध्वनित होता है। चरवाहों के गीत 'लमटेरा' के भीतर जंगल की उपस्थिति बार-बार यही चरितार्थ करती है कि इन गीतों में लोकमन अभी शेष है। बाद में अहीरों के लोकगीत 'दिवारी' में यह स्थिति नहीं रह जाती है। उनमें कृष्ण-लीला का पुट आ जाता है। इन सभी गीतों का अस्तित्व केवल एक ही पंक्ति में केन्द्रित है। लोकगीत में शब्द-विस्तार के लिए गुंजाइश नहीं होती। आज के विस्तारित लोकगीतों में टेक या पुनः-पुनः आघूर्णित होनेवाली ध्रुव पंक्ति ही आदिम लोकगीत की अवशोषित पहचान है। कहीं-कहीं यह पंक्ति धुन के निर्धारण में अपनी मुख्य भूमिका निबाहती है। 'हे रामा, के हांजू के कइयो जू', 'रसवारी के भौरा रे', 'हो हईया' आदि ऐसी ही पंक्तियाँ हैं। कहीं-कहीं ये ध्रुव पंक्तियाँ पिसती-पिसती आधी रह गई हैं या कहीं-कहीं एक-दो शब्द मात्र, कहीं-कहीं पूरी पंक्ति यथावत् मिल जाती है। 'पीपर का पत्ता हिलत नईया' जैसी उक्तियाँ लोकमन की उपज हैं। यदि इन पंक्तियों को आधार बनाकर लोकगीतों का परीक्षण हो तो आदिवासी क्षेत्रों के अन्तर्वर्ती लोकगीतों से इनका एकदम साम्य मिलेगा। सरगुजा के लोकगीतों में बहुत बड़ा प्रतिशत ऐसे ही लोकगीतों

का है–जिनमें एक ही पंक्ति और एक ही राग है। ऐसा नहीं है कि आदिवासी क्षेत्रों के लोकगीतों में धार्मिक आख्यान या सामाजिक संस्कारों की अनुगूँज नहीं है–वहाँ भी इनका प्रभाव है।

राग-चक्र भी अपने स्वरूप को सांस्कृतिक परिवर्तनों से अप्रभावित नहीं रख पाता है। अपनी प्रारम्भिक चर्चा में हमने लोकगीतों की यात्रा में ऐसे दो महत्त्वपूर्ण राग-परिवर्तनों की चर्चा की थी। पहला–लोकगीतों की धुनों का शास्त्रीय धुनों में बँधना और दूसरा–इन शास्त्रीय धुनों का लोकोन्मुखी होना। लोकगीतों की मिठास, भाव-ऊष्मा, आत्मीयता, गहन आस्था, व्याकुलता, बिहूनापन, लोच और लचक अर्द्धशास्त्रीय गायकी 'ठुमरी' में प्रत्यक्षीभूत होनेवाले तत्त्व हैं। ध्रुपद में एक ही पंक्ति की जो बार-बार महीन गायकी है–वह लोकगीत का परिष्कृत नादानुसन्धान है। लोक प्रत्येक जड़ीभूत संस्कार को ताजगी देता है। वहाँ अनुशासन अपनी जकड़बन्दी पूर्णरूप से कर लेता है–वहाँ स्थिरता आ जाती है। जीवन में व्याप्त इस स्थिरता को लोक ही तोड़ता है, क्योंकि निसर्ग-संसर्ग के कारण वह निरन्तर तरोताजा रहता है। लोक-रागिनी में तो ताजगी और हृदय-स्पर्शी गुण है–वह प्रत्येक जड़ होती परिस्थिति में संजीवनी का कार्य करता है। कविता में जब-जब हम अपनी जातीय स्मृतियों से रूबरू होते हैं–तब-तब भीतर उमग पड़ते हैं। भाषा वहाँ पीके फोड़ती हुई महसूस होने लगती है–जहाँ वह लोकशब्दों से मिल-जुल जाती है। लोक से बार-बार हमारा परिसंतृप्त नागर-मन जुड़कर एक नई स्फूर्ति और ताजगी प्राप्त कर लेता है। इस व्यापार में लोक का शोषण ही बहुत सीमा तक किया जाता है। उसे कचर-कुचरकर भदेस बना दिया जाता है। इधर के सिनेमा गीतों में जहाँ-जहाँ लोकगीतों की लयों को रचनात्मकता का हिस्सा बनाया गया है, वहाँ-वहाँ लोकगीतों की लय का शोषण ही किया गया है। लोककवि फूहड़ नहीं रहा। लोक कभी सस्ता नहीं रहा। उसकी जनाकर्षणी राग विवृत्ति लेकर उसे चूसे गए गन्ने के समान निचोड़कर फेंक दिया गया। आकाशवाणी से प्रसारित अधिसंख्य लोकगीतों की यही हालत है। लोकधुनों को बिगाड़कर, तोड़कर उसकी नस-नस को फाड़कर उसके लहू का लाभ व्यवसायी लोग ले लेते हैं, और फिर उसे मुर्दाघर में फेंक देते हैं। लोक-रागिनियों से हटकर भी यदि हम अन्य कला-माध्यमों पर इस तरह सोचें तो स्पष्ट हो जाएगा कि मध्यकाल ने लोक का इस्तेमाल शास्त्रीयता के नजदीक किया। उसे एक सामन्ती स्पर्श दिया, फिर लोकगीत को मुक्त करने का प्रयत्न भी हुआ, किन्तु उसकी मुक्ति ठीक उस तरह थी–जैसी परिन्दे को पिंजड़े से छोड़ दिया जाए और पह पंख फैलाने में भी अभ्यासवश अशक्त रह जाए।

इधर समकालीन कविता में लोक-लय लौटकर आ रही है। छायावादोत्तर काव्य में यह प्रवृत्ति अधिक विकसित हुई। नई कविता और गीत, दोनों विधाओं में इसका इस्तेमाल हुआ है। बच्चन ने गीत को लोकधुनों में ढालने का प्रयत्न किया–"जाओ पिया लाओ नदिया से सोन मछरी" या "महुआ के नीचे मोती झरै" जैसी बन्दिशों में पूर्वी उत्तर प्रदेश की लोकधुनों का परिचय प्राप्त होता है। बच्चन ने लोक-धुन को अपनी

लय में ढाल दिया किन्तु लोक नहीं रहा। ठाकुरप्रसाद सिंह जैसे गीतकारों ने आदिवासी क्षेत्रों की लोक-लयों को आज की कविता के साथ बैठाया, लेकिन वे शब्दों को ही पकड़ पाए, लय को नहीं। लय तो जीवन में स्पन्दित होती है। जीवन के साथ जुड़ी राग-सत्ताएँ भी लय के रूप में आविष्कृत होती हैं। सन्थाल परगना के लोकगीतों में वही सोलह मात्राओंवाली बन्दिश है, जो सरगुजा के आदिवासी लोकगीतों की है। इस धुन को आधुनिक कविता में लाने के मायने थे भाषा में ऐसी चमक पैदा करना है कि वह प्रतीकात्मकता के लाघव से लेकर जंगली अम्लानता तक अपने आपको स्थापित कर सके। भाषा का अपना सांस्कृतिक अर्थ और अपनी लय होती है। इस लय को किसी विजातीय संस्कृति में रसा तो सकता है किन्तु उसको पुनराविष्कृत नहीं किया जा सकता। खड़ी बोली की प्रकृति और संस्कृति निश्चित ही बोलियों के शब्दों और लोकजीवन के दूर पड़ जाने के कारण लोक से भिन्न हो गई। इसकी नागरता को लोक में परिवर्तित करने की चेष्टाएँ चल रही हैं। यह एक स्वाभाविक क्रम के तहत ही हो रहा है। लोक एक बार फिर खड़ी बोली के नागर चरित्र में अपना अलग शास्त्र विकसित करने की फिराक में है। न केवल कविता में अपितु गद्य में भी यही प्रवृत्ति परिलक्षित हो रही है। गीतों में लोक-लयों के प्रयोग बहुत बड़ी मात्रा में हुए। नवगीतकारों का जो एक खेमा आया–उसकी सम्पूर्ण जीवनी का आधार लोक-लएँ हैं। भोजपुरी, राजस्थानी, ब्रजी, बुन्देली, छत्तीसगढ़ी आदि अनेक बोलियों की लोकधुनों की तर्ज पर इस तरह के रचनाकारों ने गीत लिखे हैं। लेकिन नगरों की मानसिकता में ये टूटी लएँ न तो लोक-लयों का संसार रचा-बसा पाईं और न ही लोक-लयों का एक अलग अन्दाज उत्पन्न कर सकीं। फैशन की तरह इनका प्रयोग हुआ और अधकचरे शोषण में इनका अन्त हुआ।

गीतों के लयाधारों में एक निनादकारी पंक्ति जो ध्रुव पंक्ति के रूप में रहती है, निरन्तर विकसित होती है–जिसका आघूर्णन गीत को लोक-लय के करीब ले जाता है। यह उपक्रम प्रत्येक अनाड़ी रचनाकार से नहीं सध पाता। आवश्यकता इस बात की है कि ऐसे प्रयोग तभी सफल होते हैं–जब लयों के उस संसार में अपने को फेंक दिया जाए। उन लयों में ही जीवन जागे और सोए। नई कविता में लोक-लय को भाषा के स्तर पर उभारा गया। विभिन्न प्रकार की भाषिक संरचनाओं यथा–बिम्बों और प्रतीकों में वह ताजगी लाई गई जो लोकगीतों में पाई जाती है। जातीय स्मृतियों की यह रोमानी प्रस्तुति रचनात्मकता की गहन पर्तों से जूझकर हासिल की गई है। इसलिए इसमें लय को सुरक्षित रख पाना अधिक सम्भव हुआ है। लोक-लयों के प्रयोगों में सावधानी की आवश्यकता है, क्योंकि इससे लोक का स्वरूप तो बिगड़ता ही है, गलत ढंग से उसे पेश करने में उसकी परम्पराएँ विनष्ट होती हैं।

लोक-लयों को सुरक्षित रखने के लिए सामूहिक उद्यम की आवश्यकता है, क्योंकि हम एक ऐसे बिन्दु पर खड़े हैं, जहाँ से लोक-लयों की रचनात्मक शक्तियों को किसी भिन्न अनुशासन में ढालने की सामर्थ्य समय में नहीं है। शास्त्रीय संगीत ने लयों को

सुरक्षित रखा था और उसे नया आयाम भी दिया था। सिनेमा, रेडियो और टी.वी. लोक के लिए एक बहुत बड़ा खतरा लेकर आए हैं। लोकगीतों की असल धुनें अब खोजने से नहीं मिलेंगी। सिनेमायी धुनों ने इन्हें चींथ-नोच लिया है। नई पीढ़ी में पुराने के प्रति एक घृणा भाव पनपता जा रहा है। साहित्य से लेकर समस्त सम्बन्धित कलाएँ इन लयों को उपयोगितावादी दृष्टिकोण के तहत अपना रही हैं। लोक-लय को रौंदती हुई इन विनष्टकारी ताकतों के खिलाफ रचनात्मकता के तहत कैसे जूझा जाए ? यह प्रश्न अब और आवश्यक हो उठा है।

बुन्देलखंड की लोक कथाएँ

लोक कथाएँ व्यक्ति के आदिम संस्कारों की कल्पना सिसृक्षा एवं यथार्थ अवलोकन का सहगुंफन होती हैं। लोक कथाओं का संसार इसीलिए मानवेतर सृष्टि के दिशान्तरचारी आकाश में फैलता है। मनुष्य की सहचारी शक्तियाँ, वन-वनस्पतियाँ, पशु-पक्षी, सागर-पहाड़, भूत-प्रेत, देवता-राक्षस, हवा-पानी और न जाने कितने जागतिक अस्तित्व लोक कथाओं में उसके साथ हो लेते हैं, उसके सखा-शत्रु, उसके रक्षक-भक्षक बनकर। लोक कथाओं में मनुष्य का आदिम मस्तिष्क सक्रिय होता है—हमारे मस्तिष्क का वही हिस्सा जो प्रागैतिहासिक अवशेष के रूप में अभी भी हमारे साथ है—एक आदिम गुफा की तरह जिसमें अनेक निजंधरी कल्पनाओं की अनुगूँज समाई है। लोक कथाओं का प्रारम्भिक स्वरूप स्मृतियों के अँधियारे में विलीन हो गया है किन्तु उसकी झलक उपलब्ध लोक कथाओं की विवृत्ति में यदा-कदा मिल जाती है। लोक कथाओं में अदभुत् कल्पना की जो भयद और कौतूहली स्थितियाँ हैं, उन्हें प्रारम्भिक लोक कथाओं का अवशिष्ट कहा जा सकता है। बाद में मानवीय सभ्यता के विकास के साथ-साथ उसके कथा-स्वप्न भी तरतीब पाते गए और मानवीय ज्ञान-चेतना के विकास के समानान्तर लोक कथाएँ भी अपनी कथा का कल्प करती रही हैं।

लोक कथाओं का प्रारम्भिक ऐंद्रजालिक स्वरूप हर्ष, विषाद, चमत्कार और कौतूहल की सीमाओं में आबद्ध रहा होगा। बाद में शनैः-शनैः रंजन शिक्षा और ज्ञानवर्द्धन की उद्‌देश्य सीमाएँ भी इसके भीतर विकसित होती गईं। बुन्देलखंड में जो प्राचीन शैलाश्रय उपलब्ध हुए हैं—उनके आधार पर यह निष्कर्ष सहज ही निकाला जा सकता है कि बुन्देलखंड आदिम मानव की लीलाभूमि रही है। दमोह जिले की हटा तहसील के फतेहपुर ग्राम में प्राप्त प्रागैतिहासिक चित्रवीथी में आखेट के दृश्य अंकित हैं। इन चित्रों का अवलोकन करने से स्पष्ट होता है कि ये चित्र शिकार कथाओं को जीवित करने की ललक का परिणाम हैं। इन चित्र-कथाओं से यह भी अनुमान होता है कि जो दृश्य और जो घटनाएँ चित्रों में अंकित हैं, उन्हें वाणी में पहले ही अभिव्यक्त किया गया होगा। निश्चित ही चित्र-कथा के पहले घटना शब्द-कथा बनी होगी। बुन्देलखंड विन्ध्य की शैल मालाओं से घिरा भारत का केन्द्र है। यहाँ सभ्यता के विकास की गति ठिठकी-ठिठकी रही है। अपनी एकांतिकता में यह क्षेत्र लोक कथाओं में आदिम वृत्तियों से लेकर धुर मध्यकालीन बोध को समेटे है।

बुन्देलखंड प्रायः बाह्य आक्रमणों के खतरों से सुरक्षित रहा है। यहाँ के राजे-रजवाड़ों में ही पारस्परिक युद्ध होते रहे हैं। यहाँ के आदमी ने जीवन-संघर्ष के भयद क्षणों का साक्षात्कार प्राकृतिक आपदाओं के रूप में अधिक किया है। अकालों का एक लम्बा सिलसिला यहाँ चलता रहा है। बेर-मकोरा खाकर यहाँ का आदमी जीवित रह लेता है। मालगुजारों, जमींदारों और राज सामन्तों के अतुलित प्रभाव ने यहाँ के आम आदमी को दब्बू और निर्गुनिया बना दिया है। उसमें आत्मविश्वास की कमी है। वह अधिकतर चतुराईपूर्ण व्यवहार से अपनी स्थिति को सुरक्षित रखना सीख गया है। यहाँ भी भूख और आपसी प्रतिद्वन्द्विता ने डाकुओं को जन्म दिया–ठगों को प्रोत्साहित किया और आम आदमी ने इन सबको हीरो की तरह स्वीकार कर लिया। काम-धन्धे के अभाव ने सामान्य जन को निठल्ला और आत्मधुनिया बनाया है। पुरुषों की अपेक्षा स्त्रियों में अधिक तेजस्विता है। वे अधिक व्यावहारिक और घर-गृहस्थी के प्रति उत्तरदायित्व को अनुभव करनेवाली रही हैं। अशिक्षा और सत्संग के अभाव ने व्यक्ति चेतना को अन्धविश्वासी एवं भीरु बनाया है। राजाओं, सामन्तों और रईसों को सर्वश्रेष्ठ माननेवाले सामान्य जन में श्रम की प्रतिष्ठा और श्रम श्लाघा का भाव कम है। एक प्रकार से सामन्ती परिवेश को सम्पूर्ण बुन्देलखंड के स्वभाव में खोजा जा सकता है। यद्यपि यहाँ का पराक्रम, यहाँ की शूरवीरता, यहाँ की आन-बान और यहाँ की सिधाई की भी अपनी कहानियाँ हैं। बुन्देखंड के इस सामूहिक स्वभाव को हम इसकी लोक कथाओं में खोज सकते हैं।

बुन्देलखंड की लोक कथाओं में आदिम मनुष्य के जीवन की फैंटेसी अभी भी प्रकट होती है। प्रकृति के प्रति व्यक्ति की राग-चेतना ने इन कथाओं में प्रकृति और व्यक्ति को एकाकार किया है। 'चिड़िया की सेना' कहानी में राजा चिड़िया की चोंच से गिरा हीरा पा जाता है। चिड़िया की चिरौरी से राजा नहीं पिघलता तब चिड़िया अपनी गाड़ी में आग, नदी और वायु को बैठाती है और ये सभी मिलकर राजा पर हमला करते हैं। राजा भयभीत होकर चिड़िया को हीरा वापस कर देता है। यह कहानी प्रतीकात्मक (एलोगोरिक) है। अन्योक्ति के माध्यम से इसमें कमजोर को दबानेवाले राजा का प्रतिकार संगठन के आधार पर किया गया है। यदि इस कहानी के उद्‌देश्य को एक ओर रखकर इसकी संरचना पर विचार करें तो प्रकृति और मनुष्य के बीच की दूरी इसके रचना विधान में पाट दी गई है। गाड़ी पर बूँद बनकर नदी का बैठ जाना, शिशु चेतना में डूबी कल्पना वृत्ति का परिचय है, यही आदिम मस्तिष्क की भी अन्यतम धरोहर है।

बुन्देलखंड की लोक कथाओं में कहीं-कहीं पुनर्जन्म की विश्वास चेतना इस रूप में प्राप्त होती है कि कोई अभागिन या गरीब स्त्री अपने दैवीय गुण या दैवीय कृपा से जब आगे बढ़ जाती है तब उसकी बहन या जेठानी या उसकी सौत उसे एकान्त में मार डालती है–किन्तु वह घूरे पर फूल बनकर उगती या बाँस बनकर जन्म लेती या कमल बनकर जलाशय में प्रकट होती है। ये प्राकृतिक उपादान किसी-न-किसी

रूप में उस पूर्व जन्मवाली नारी की दुख कथा का वर्णन करनेवाले बनते हैं–लीला कमल बनकर, पूजा के फूल बनकर या बाँसुरी बनकर। निश्चित ही उस रूपान्तरण में हमारी मानवीय चेतना के आस्था और विश्वास सक्रिय हैं। अपराधी को अपराध की सजा देने के लिए ये पुनर्कल्प चुने गए या फिर सताई गई नारी के प्रति सामाजिक करुणा या ज्वलन्त भाव इन प्रतीकों में निहित हैं। 'धोबी की बेटी' और 'रानी के आँसू' कहानी में व्यक्ति और प्रकृति के दरम्यानी रिश्तों का परिचय इसी रूप में प्राप्त होता है। 'शीत वसन्त' कहानी में यही टोटेम पुरुषों के साथ है। भाई-भाई में विछोह और एक भाई का राजा बन जाना, दूसरे भाई का बाँस बन जाना–फिर बाँस से संगीतात्मक ध्वनियों का निःसृत होना–इसी ध्वनि के आधार पर बिछुड़े भाइयों का मिलना; 'राजा बुकरकना' कहानी में धन्ना नाई अपने पेट में वह रहस्य नहीं पचा पाया कि राजा के कान बकरे जैसे हैं और वह एकान्त सघन जंगल में एक पेड़ के पास चुपके से अपने पेट की बात उगल देता है। जब उसी पेड़ की लकड़ी से तबला, डुग्गी और ढोलक बनते हैं तब राज दरबार में ये वाद्य-यन्त्र धन्ना नाई की बात को दुहराते हैं, राजा बुकरकना, राजा बुकरकना। निश्चित ही इन कहानियों की संरचना में मानवीय ज्ञान चेतना के साथ उसकी स्वप्नशीलता की ही बुनावट है। यह बुनावट लोक के उस मस्तिष्क की पहचान है जिसमें सहजात वानस्पतिक संस्कारों की मानवीय चेतना में हिस्सेदारी प्राप्त हुई है। स्वप्न संस्कार में लोक की अपनी इयत्ता फैलती है और इस इयत्ता विस्तार में जड़ जंगम का समूचा कार्य व्यापार मानवीय आचरण की सहभूमिका निभाता है। बुन्देलखंड का आदमी जंगल के सान्निध्य में रहा है। पहाड़ों की ढलानों और ऊँचाइयों पर बसा है। उसने अपने परिगत से जो जीवन्त सम्पर्क बनाया था, वही इन कहानियों की बुनावट में झाँकता है।

आदिम वृत्तियों के सहजात संस्कार एक अन्य तरह की कथा सृष्टि में भी परिलक्षित होते हैं। इन लोक कथाओं में राक्षस-चुड़ैल, भूत-प्रेत आदि की हिस्सेदारी समाई है। घर-देहातों में इस तरह की लोक कथाएँ पर्याप्त मात्रा में प्राप्त होती हैं। जंगलों में निवास करनेवाले गौंडों के बीच बैठकर जो लोक कथाएँ मैंने बुन्देलखंड में सुनी हैं–उनमें इन आधिदैविक शक्तियों की उपस्थिति बहुत अधिक है। सम्भवतः प्रागैतिहासिक काल के बाद जब मनुष्य में विश्वास को प्रतीक देने की प्रक्रिया प्रारम्भ हुई होगी, तभी के आदिम संस्कार इन लोक कथाओं में हिलगे रह गए हैं। अभी इन आदिवासियों में उनके ये विश्वास तन्त्र-मन्त्र, जादू-टोना और झाड़-फूँक में सक्रिय हैं। बावड़ी में किसी राजकुमार को सोने की ईंट का मिलना–इस ईंट में से पहले एक उँगली फिर दूसरी उँगली फिर पंजा निकलना और फिर सम्पूर्ण नारी आकृति का निकलना अथवा बुढ़िया के हाथ में फोड़ा होना फिर उस फोड़े में से मेंढक का जन्म या फिर पेट में साँप का चला जाना और वहाँ से बात करना। 'अपना-अपना भाग्य, चुड़ैल' जैसी लोक कथाओं में यह रहस्यमयता निहित है। यह एक प्रकार का मिस्टीसिज्म है जिसमें मानवेतर प्राणियों और कल्पनाप्रसूत अपर शक्तियों को कथा रचना में सक्रिय किया गया है। इन कहानियों

में निहित उद्देश्य यद्यपि मानवीय सम्बन्धों की अर्थवत्ता को ही उजागर करता है और असहाय तथा कमजोर की तरफदारी को पक्का करता है किन्तु इन कथाओं में अतिमानवीय चरित्रों की संरचना में निहित विश्वासों में निजंधरता का पुट परिव्याप्त है। कहीं-कहीं यह स्थिति चमत्कारिक संरचना के रूप में प्रकट होती है। विरोधाभास के आधार पर वस्तुविन्यास का विस्फोट जैसे मरत-जियत के डंडा–एक डंडा है जो मारता है, दूरारा डंडा है जो जिलाता है–एक तोता है जो एक आँख से देखता है और दूसरी आँख से रोता है। कथा को विस्तार देनेवाले तथ्यों में जो अन्तर्द्वन्द्व स्थापित किया गया है वह चमत्कार की श्रेणी का तो है ही साथ में मानवीय क्रियाकलापों और भावों का धूपछाँही रूप भी इससे प्रकट होता है। जादू-टोना और तन्त्र-मंत्र ने भी बुन्देली लोककथाओं में अपना आसन जमा रखा है। मूठ मारना, जादू की पुड़िया का प्रयोग, जादुई गलीचा की प्राप्ति आदि के माध्यम से रहस्य-रोमांच और चमत्कार की सृष्टि तो की ही गई, साथ ही कल्पना विस्फार का मनोवैज्ञानिक आनन्द भी इस सन्दर्भ में निहित है।

बुन्देलखंड में डाकू और ठगों का बाहुल्य रहा है। पिन्डारियों की कारगुजारियाँ तो इतिहास की विषयवस्तु बन चुकी हैं। अतः बुन्देलखंड की लोक कथाओं में डकैती और ठगी की वारदातें भी प्रमुख हैं। डाकू के साथ जो भयंकरता और नृशंसता का भाव जुड़ा है, उसे तो ये कहानियाँ उभारती ही हैं किन्तु उनके भीतर के मानवीय आचरण को वे असल महत्त्व देती हैं। डाकू से यदि कोई व्यक्ति मामा कह देता है, तो भले ही डाकू उसके घर डाका डालने क्यों न आया हो, डाकू का वह व्यक्ति भांजा बन जाएगा और फिर डाकू उसकी जीवन-भर रक्षा करेगा। कोई स्त्री डाकू को भाई बना लेती है तो डाकू उस स्त्री की रक्षा का बीड़ा उठा लेता है। कन्या के विवाह के लिए लूट का धन देनेवाले डाकू भी कहानियों में हैं। डाकू वृत्त से सम्बन्धित लोक कथाओं में वह अत्यन्त विकसित मानव मस्तिष्क सक्रिय है जिसमें भाव को उच्च दाब बिन्दु पर अनुभव किया गया है। ठगों की कथा को आधार पर बनाकर रची गई लोक कथाओं में बौद्धिक चातुर्य पर बल दिया गया है। बुन्देलखंड का आदमी अपनी एकान्तिकता में इस चतुराई का लुत्फ उठा सकता है और अपनी आनन्द वृत्ति को तृप्त कर सकता है। अधिकतर ठगों को ठगनेवाले इन कहानियों के नायक हैं। अर्थात् ठगों के हैरतअंगेज कारनामों पर पानी फेर देनेवाले सामान्य जन की प्रतिष्ठा इन कथाओं में है। सामान्य जन की बौद्धिक चतुराई कभी परिस्थितिजन्य होती है–कभी अनायास। कभी एक भोंदू भाई ठगा जाता है तो दूसरा भाई अपनी बुद्धि के बल पर ठगों से अपने भोंदू भाई का बदला लेता है। ऐसी कहानियों में सेठ-साहूकारों का प्रतिकार बुद्धि के बल पर सामान्य जन करता है और प्रसन्न होता है। 'चैंथरी के चार बाल' लोक कथा में यह तथ्य द्रष्टव्य है। 'कोरी के दामाद' कहानी में भोंदू दामाद के पक्ष में परिस्थितियाँ सहयोग करती हैं। मढ़िया में गधों को घुसा देख लेना, मकान के पिछवाड़े से अपनी ससुराल के सब हाल जान लेना और अन्त में राजा की बेटी के हार की चोरी का पता केवल अपनी आत्मव्यथा के

गीत-गायन से पा लेना परिस्थितिजन्य कौशल है। आजारी निंदिया तोरी भोर कटे घिचिया' में निंदिया नाईन का उल्लेख एक भाषिक संयोग है। ऐसे भाषिक संयोग लोक कथाओं में खूब प्राप्त होते हैं। तीसमार खाँ में भी कोरी के दामाद का यह युद्ध कौशल केवल परिस्थितिजन्य है जिसमें एक निर्बल आदमी परिस्थितयों की अनुकूलता एवं अपनी स्वल्प चतुराई के बल पर प्रधान सेनापति बन जाता है। इस तरह की लोक कथाओं में बुन्देलखंड के व्यक्ति की काहिली के पीछे छिपी महत्त्वाकांक्षाओं की सहज तृप्ति है। कथा संरचना में अद्‌भुत और अनहोनी को महत्त्व प्रदान कर अनुरंजन के क्षण भी प्रस्तुत किए गए हैं।

प्रेम को केन्द्र बनाकर लिखी गई कहानियों में अक्सर राजकुमार और राजकुमारियों को सम्मिलित किया गया है। राजकुमार किसी निर्धन की लड़की या अपने से हीन जाति की लड़की पर रीझ जाता है और उसे अनेक विरोधों के बावजूद पाने की चेष्टा करता है। कभी अपने तीर-कमान के माध्यम से, कभी किसी योगी गुरु द्वारा दी गई किसी ऐंद्रजालिक वस्तु से या फिर कभी घर में बड़ी भाभी के सामने सिरदर्द का बहाना बनाकर। राजकुमारियाँ भी अपने से निर्धन व्यक्ति पर रीझती हैं और उन्हें पाने का प्रयत्न करती हैं। राजा-रानी में कहीं वात्सल्य भाव दिखता है तो कहीं उनका अनुशासन परक रूप दिख जाता है। प्रेम के क्षेत्र में निरन्तर विरोध उत्पन्न किया जाता है और कहानी बढ़ती जाती है। यह विरोध कौतूहलपूर्ण क्रिया-कलापों को जन्म देता है। इन कहानियों में कजली से दृश्य देखना, जादुई गलीचे पर बैठकर उड़ना, पिंजड़े में बैठे तोते के प्राणों का अन्य स्थान पर होना आदि को सम्मिलित किया गया है। ऐसी लोक कथाओं में प्रेम की विजय ही अन्ततोगत्वा प्रदर्शित की जाती है। राजकुमार और राजकुमारियाँ सामान्य जनों जैसा जीवन यापन करती हैं। संघर्ष झेलती हैं। उन पर अबारी बेरा अपना असर डालती हैं किन्तु बाद में सब ठीक हो जाता है। सबका अच्छा समय आ जाता है। प्रेम केवल दाम्पत्य भाव प्रधान बनकर कहानियों में नहीं आता है। भाई-बहन, माता-पुत्र, पिता-पुत्र, भाई-भाई आदि के सम्बन्धों की पड़ताल प्रेम के अन्तर्गत आती है। अहं के कारण, अज्ञान के कारण, धनाढ्य होने के कारण पहले इन युग्मों में विरोध उत्पन्न होता है। सम्बन्धों की धज्जियाँ उड़ाई जाती हैं किन्तु धीरे-धीरे अहंकारी का अहम् खंडित होता है। अज्ञान की जगह ज्ञान उत्पन्न होता है और धन भी क्षीण हो जाता है—ऐसी परिस्थिति में फिर सम्बन्ध हरे-भरे हो उठते हैं और खारिज होते सम्बन्धों में फिर से ऊष्मा आ जाती है। बुन्देलखंड में सम्बन्धों की अवधारणा को केन्द्र बनाकर लिखी गई कथाओं में मामा-भांजा, स्वामी-सेवक, पत्नी-पति आदि के सम्बन्धों को व्याख्यायित किया जाता है। जीजा-साली, देवर-भौजाई आदि के सम्बन्धों में प्रिय के हास्य-विनोद पक्ष भी सम्मिलित हैं। सम्बन्धपरक लोक कथाओं में सम्बन्धों की गरिमा, पवित्रता और प्रेम की तेजस्विता को महत्त्वपूर्ण माना गया है। सम्बन्धों की रक्षा के लिए किए जानेवाले व्रतों, उपवासों में भी लोक कथाएँ सुनाने का प्रचलन बुन्देलखंड की स्त्रियों में है। इन कथाओं में धार्मिकता का पुट है। दैवीय शक्ति का

आवाहन है। वे प्रकट होती हैं और दुःख के दिन सुख में तब्दील हो जाते हैं। सुहागनों के पर्व पर कार्तिक स्नान के समय स्त्रियाँ ऐसी कथाएँ आपस में सुनाती हैं। सौभाग्य रक्षा और सन्तान प्राप्ति के निमित्त ऐसी कथाएँ कही-सुनी जाती हैं।

इस प्रकार जीवन के बहुविध पक्षों को बुन्देलखंड की लोक कथाएँ अपनी विषय-वस्तु में समेटे हैं। इनमें धर्म, प्रेम, पत की रक्षा, चतुराई आदि को सर्वाधिक महत्त्व प्रदान किया गया है। लोक ने अनेक सम्बन्धों का साधारणीकरण किया है। राजा-रानियाँ सामान्य जन बनकर लोक कथाओं में आते हैं। बुन्देलखंड की सांस्कृतिक पहचान इसकी लोक कथाओं में है। वेशभूषा, खान-पान, रहन-सहन, घर-मकान आदि का वर्णन बिल्कुल बुन्देली परिवेश का है। चाव-उत्साह, साज-शृंगार और जीवन-लहजा भी बुन्देलखंड की शिनाख्त प्रस्तुत करता है। भटा-गकड़ियाँ, समाँ, बाजरा, ज्वार आदि का उल्लेख, परदनी सलूका मुड़ासा पेंजना, तोड़ल, हरवा, काजल, पान-सुपारी आदि का समावेश इस क्षेत्र की प्रामाणिक प्रस्तुति में सहायक है। अधिकतर कहानियाँ निर्धन गरीब सताए गए आदमी के प्रति करुणा का उद्रेक देती हैं।

उपलब्ध लोक कथाएँ अधिकांशतः मध्यकालीन बोध को अभिव्यक्त करती हैं। इन कथाओं के चरित्र सामान्यतः मध्यकालीन समाज के पात्र हैं। सामन्तवादी धारणाओं के विरोध में लोक की अपनी पीड़ा, अपनी भूख, अपना दुख-दर्द इन लोक कथाओं में अधिक है। सामन्तवादी चरित्रों में राजा-रानी, राजकुमार, सेनापति, मन्त्री हैं तो साधारण जनों में तमाम तरह से दुःखी मजलूम जन हैं। इनके अलावा पंडित, विद्वान्, कलाकार आदि भी इन कथाओं में सक्रिय हैं। व्यापारी वर्ग की अहम भूमिका भी इन लोक कथाओं में उपलब्ध हो जाती है। सामान्यतः कोरी, धोबी, नाई, पुरोहित, तमोली, ढीमर आदि को अधिसंख्य लोक कथाओं में प्रस्तुत किया गया है। इन पात्रों की जीवन प्रणाली को सूक्ष्मतापूर्वक लोक कथाकार अपनी कथा में ढालता है। स्पष्ट है कि बुन्देलखंड की लोक कथाओं में अभिजात वर्ग का व्यापक चित्रण नहीं है अपितु उसकी नकारात्मक भूमिका है। लोक कथाकार खोखले अहम् और प्रदर्शन को बरदाश्त नहीं करता। इन सबके साथ वह अपने वर्ग को भी नहीं छोड़ता है। यदि कहीं वह अपने वर्ग में घुसे आलस्य को पाता है तो तत्काल उसको रेखांकित करता है। उपदेश से अधिक मनोरंजन के क्षण लोक कथाकार को अभिप्रेत हैं।

बुन्देलखंड में लोक कथा कहने की अपनी प्रणाली है। शाम के बाद बियालू करके चबूतरा पर बैठकर लोक कथा सुनी-सुनाई जाती है। कथा सुननेवालों में स्त्री-पुरुष, बालक सभी रहते हैं। एक गाँव में कुछ लोग ही किस्सा कहनेवाले होते हैं। किस्सा कहनेवाले ये लोग भाषा के नाटकीय प्रयोगों से परिचित होते हैं। उनकी हाव-भावपूर्ण मुद्राएँ होती हैं। वे अपनी किस्सा शैली में पारंगत होते हैं। ठंड के दिनों में किस्सा कऊड़े पर बैठकर कहा-सुना जाता है। परच रही आग की गर्मी से अधिक गर्मी किस्सा कहनेवाले की कथन भंगिमा और शैली में होती है। किस्सा कहनेवाले के साथ एक व्यक्ति हूँका देनेवाला होता है। हूँका देनेवाला मानो यह जताता रहता है कि सभी

सावधान होकर किस्सा सुन रहे हैं। किस्सा जब तक चलता रहता है तब तक कोई आपस में बतिया नहीं सकता है। किस्सा कहनेवाला किस्सा कहने के पूर्व एक काव्यात्मक भूमिका प्रस्तुत करता है–''जरिया को कँटो सबाहाथ लांचोंजी में बसे सवालाख गाँव–न कहैये दोष न सुनैये दोष, दोष ऊखें जीने रचकें जा किसा खड़ी करी।'' स्पष्ट है कि किस्सा कहनेवाला अपने को निर्दोष सिद्ध कर रहा है। यह भी स्पष्ट है कि किस्सा में कुछ झूठ, कुछ सत्य कहा गया है। और यह भी सत्य है कि कथा का आधार कल्पना प्रधान है। बहुत सम्भव है यह भूमिका भी मध्यकाल में रची गई है। धर्म के हस्तक्षेप ने ऐसी कथाओं के कहने-सुनने में बाधा खड़ी की होगी और इस प्रारम्भिक उपोद्‌घात ने किस्सा कहैया को पाप दोष से मुक्त होने का भाव दिया होगा। प्रायः ये किस्से ऐसे प्रारम्भ होते हैं जैसे एक हथे राजा और एक हथी रानी...। कुछ लोक कथाएँ ऐसी हैं जिनको अक्सर माताएँ अपने बच्चों को सुनाती हैं। बच्चों को सुलाने के पूर्व छोटी-छोटी कथाएँ बच्चों के मन में कल्पना और जिज्ञासा जाग्रत करती हैं।

बुन्देलखंड में कुछ ऐसी लोक कथाएँ हैं जिनका फलक अत्यन्त विस्तृत है; जिनकी लम्बाई रातों से मापी जाती है। यहाँ तक कि एक ही कथा तीन-तीन रातों तक चलती है। इन कथाओं में चन्द्रकान्ता सन्तति जैसा रहस्य, रोमांच और कौतूहल रहता है। खजाना, राजकन्या आदि की प्राप्ति इन कथाओं का चरम लक्ष्य होता है। कुछ लोक कथाएँ ऐसी होती हैं जिन्हें 'गा' कहा जाता है। बुलाखी नाई की 'गा' बुन्देलखंड में प्रसिद्ध है। इस कथा के प्रारम्भ में कोई 'गा' छोड़ दी जाती है, जैसे घोड़े का एक सवार चला जा रहा है। उसके हाथ में दर्पण है। दर्पण में वह मुख देख रहा है। उसका साफा उसके पाँव तक लटक रहा है। घुड़सवार ऐसा क्यों है ? इसी का समाधान पूरी कथा देगी। ऐसी कथाओं का स्रोत बैताल पच्चीसी जैसी कथाओं में खोजा सकता है। कथा कथन की एक निश्चित बेला होती है। दिन में कथा नहीं सुनाई जाती। लोक विश्वास है कि दिन में किस्सा सुनाने से सुननेवालों का मामा गुम हो जाता है। इस धारणा से यह स्पष्ट होता है कि लोक कथाएँ दिन-भर की थकान को दूर करने के लिए सुनी-सुनाई जाती थीं।

लोक कथाओं में काव्यांशों का भी प्रयोग होता है। कहीं दोहों का, कहीं गीतों का। संवाद में भी कविता का प्रयोग मिल जाता है। ये लोक कथाएँ परवर्ती रचनाएँ लगती हैं। लोक कथाओं में बुन्देली की अभिव्यक्ति का सुन्दर समाहार है। खाँटी बुन्देली का स्वरूप इनमें सुरक्षित है। कहावतें एवं मुहावरों का समावेश भाषा को जीवन्त बना देता है। किस्सा सुनानेवाला छोटे-छोटे वाक्यों में कथा को विस्तार देता है। बीच-बीच में अरे भैया जैसे सम्बोधनों का प्रयोग किया जाता है। यदि एक प्रसंग से हटकर ऊपर प्रसंग में पहुँचना है तो किस्सा कहैया प्रसंग परिवर्तन इस तरह के कथन बोलकर करता है कि इतैकी किस्सा इतई छोड़ो अब फलाने की किस्सा सुनो। पात्रों के संवादों को चतुर किस्सा कहैया एकदम नाटक के संवादों की तरह बोलकर सुनाता है। बुन्देलखंड की

लोक कथाओं की भाषा में बोली की सृजनशीलता को सुरक्षित रखा गया है।

लोकगीतों के समान ही लोक कथाओं के रचनाकार का नाम कहीं नहीं मिलता। लोकगीतों की रचना शैली और गायन शैली में युगीन प्रभाव परिलक्षित होते रहते हैं। लोकगीतों की पारम्परिक शैली पर अब फिल्मी गायन शैली का प्रभाव भी प्रत्यक्ष हो रहा है। लोकगीतों के रचनाकार अपने नाम संकलन प्रकाशित करा रहे हैं। लोक कथाओं का संसार इस तरह के प्रयोगों से अछूता है। लोक कथाएँ जब से रची गईं, तब से जस-की-तस हैं। उनमें बदलते हुए युग प्रभावों को नहीं खोजा जा सकता है। नई लोक कथाओं के संकलन भी प्रकाशित नहीं हो रहे हैं। यह एक ऐसी विधा है जो अपनी आदिम-स्थितियों को सुरक्षित रखे हुए है।

लोक-नाट्य : परम्परा एवं प्रयोग

सरगुजा की रामगढ़ पहाड़ी पर स्थित सीताबेंगरा गुफा विश्व के प्राचीनतम नाट्य रंगमंच के रूप में प्रस्तुत की गई है। मेरे मित्र संस्कृत के आचार्य डॉ. भास्कराचार्य भरत के नाट्यशास्त्र को साथ लिए उस दिन सीताबेंगरा के रंगमंच की प्रामाणिकता इस तरह सिद्ध करना चाहते थे कि भरत ने अपने नाट्यशास्त्र में प्रेक्षागृह की जो नाप-जोख दी है–उसके कुछ ज्यामितीय तथ्य तो सीताबेंगरा में मिल रहे थे–किन्तु कुछ ओछे पड़ रहे थे। बहरहाल, डॉ. भास्कराचार्य ने अंशतः सफलता प्राप्त कर ली और यह सिद्ध कर दिया कि यह रंगमंच भरत के द्वारा वर्णित रंगमंच की पद्धति पर निर्मित हुआ है। मेरे मन में इस बात का खटका लगा रहा है कि सरगुजा जैसे धुर आदिवासी प्रधान इलाके में भरत की नापजोख यदि रंगमंच निर्माण के लिए आधार बन गई तो नाटक की एक अति प्राचीन परम्परा से हमें काट दिया जाएगा। सीताबेंगरा फिर भरत के नाट्यशास्त्र के उपरान्त निर्मित रंगमंच हो जाएगा। जबकि ऐसा है नहीं। रंगमंच पहाड़ी के बीचों-बीच गुफानुमा बनाया गया है। इसका आकार विशाल नहीं है। पीछे एक पट्टी है और आजू-बाजू खाली जगह है। सामने दोनों छोरों पर स्तम्भ खड़े करने के लिए छिद्र हैं। शास्त्रीय पैमाइश की गुंजाइश इस दृश्य में बस इतनी सी ही है। मैं बार-बार यह अनुभव करता रहा हूँ कि यह रंगमंच तो है, किन्तु भरत मुनि के पूर्व का है। भरत ने नाट्यशास्त्र में जिस लोकधर्मी नाट्यवृत्ति की चर्चा की है–उसी लोकधर्मी वृत्तिवाले नाटकों का मंचन यहाँ होता रहा है। यही कारण है कि इस मंच में विस्तार और कटाव की अपनी सीमाएँ हैं। इसी आधार पर यदि लोक नाट्य परम्परा की पहचान खोजी जाए तो बहुत सम्भव है, लोक नाट्य की असलता तक हम पहुँच सकें। हमारे पास बहुत प्रामाणिक उपकरण इस अन्वेषण के लिए भले ही न हों।

नाटक का विकास नृत्य से हुआ है। नृत्य का भाव और विचार संसार जैसे-जैसे विस्तृत होता गया–वैसे-वैसे वह नाट्य रूपों में रूपान्तरित होता गया। नृत्य के साथ गायन का युगपद सम्बन्ध है। नृत्य और गायन मनुष्य की प्रारम्भिक कला-चेष्टाएँ हैं। आदमी की वाचिक क्रियाओं की सार्थक अभिव्यक्ति के पूर्व सार्थक शारीरिक क्रियाएँ उसकी सहयोगिनी थीं। भाषा विकास के पूर्व की उसकी वाचिक क्रियाएँ–शारीरिक क्रियाओं का ही एक अंग थीं। इन वाचिक क्रियाओं में उस समय न तो अर्थ सन्निवेशित हुआ था और न ही इनका कोई स्वरूप सन्धान हो पाया था। शारीरिक हरकतों,

भावान्दोलनों एवं उत्तेजनात्मक आघातों-प्रतिघातों के क्षणों में ध्वनि अवयवों में स्पन्दन घर्षण और आकुंचन होते होंगे—जिनसे अस्फुट ध्वनियाँ स्फोटित होती होंगी। इन ध्वनियों को मात्र शारीरिक तनावों की सहजात वृत्ति कहा जा सकता है। निश्चित रूप से मनुष्य के शरीर ने नाचना पहले प्रारम्भ किया है। शरीर जब किसी भावातिरेक से भर उठा होगा, तब उसके अंगों-प्रत्यंगों में हलचल प्रारम्भ हुई होगी। वह हलचल विभिन्न भावावेगों में अलग-अलग क्रियाओंवाली रही होगी। प्रसन्नता, उत्फुल्लता के क्षणों में शरीर का फैलाव प्रकृति के खुलेपन जैसा रहा होगा। हाथों में आकाश, पाँवों में झरनों की लोच शरीर की त्वचा और मांसपेशियों में धरती की हरीतिमा जैसी रोमराशि—यही पुलक और यही खुलाव जब शरीर में भरता होगा—तब आदमी उमड़ पड़ता होगा आकाश होने के लिए, धरती होने के लिए। भिंचती हुई मुट्ठियाँ, फड़फड़ाते हुए होंठ, आँखों में फैलते समुद्र का ज्वार, सम्पूर्ण शरीर में वर्षा की गर्जन भरी तड़तड़ाहट—यह आंशिक हलचल हर्ष और क्रोध में फैलाव संकोच एवं भय के संकुचन से लेकर उपस्थित हुई होगी। इनके मिले-जुले भावों ने आदमी की देह-भंगिमा को एक लय प्रदान की होगी और इसी लय के अनुभव ने उसे एक अलग तरह का आनन्द दिया होगा। यह लय नृत्य और गीत दोनों कला-रूपों में अभिव्यक्त हुई होगी। निरर्थक ध्वनि समूहों ने भी लय की संरचना में अपना योगदान किया होगा। गाय का बछड़ा जब अपनी माँ का दूध पी लेता है, तब वह पूँछ उठाकर कूदता-फाँदता है। उसके मुँह से कुछ ध्वनियाँ भी निकलती हैं। शारीरिक तृप्ति की अभिव्यक्ति वह इस रूप में करता है। वर्षा के आगमन के साथ बिच्छुओं का नाचना प्रारम्भ हो जाता है। यह नृत्य उनकी काम-केलि का हिस्सा है। मयूर का पंख फैलाकर नृत्यरत होना आन्तरिक प्रसन्नता का प्रतीक है। बन्दरों द्वारा वृक्षों की शाखाओं पर हुंकार करते हुए कूदना और पक्षियों द्वारा मादा को रिझाने के लिए भी एक लय में फुदकना नृत्य के प्रकृति प्रेरक रूप हैं। पक्षियों का कलरव, निर्झरों की झरझराहट आदि प्राकृतिक ध्वनियों के साथ उसने अपनी स्वयं की ध्वनि-लय को अन्वेषित किया। नृत्य की लय भंगिमा एक बार आदमी के साथ जुड़ी कि फिर उसमें निरन्तर प्रयोगों का सिलसिला प्रारम्भ हो गया।

नाटक नृत्य के क्षेत्र का एक बहुत बड़ा प्रयोग है। इस कला-विधा ने बाद में अपनी स्वतन्त्र सत्ता स्थापित की। वह कालखंड जब नृत्य से नाटक अलग हुआ होगा—भरत मुनि के पहले का है। भरत मुनि तक आते-आते नाटक शास्त्रीय चक्र में आबद्ध हो चुका था। यदि हम लोक-नाट्य परम्परा को अन्वेषित करने की दृष्टि को थोड़ा सा धुर आदिवासी क्षेत्रों की ओर से जाएँ तो यह और अधिक स्पष्ट हो सकेगा। नृत्य निरन्तर सामूहिक अभिव्यक्ति बनते गए। उनके प्रदर्शन में प्रसंग-कथा और कामना की पूर्ति का समावेश होता गया। विश्वासों और टोटकों को भी कालान्तर में समेट लिया गया। इस तरह नृत्य की अवधारणा में व्यापकता स्पष्ट होने लगी। कृषि कर्म ने जब मनुष्य के सामाजिक जीवन और सांस्कृतिक चेतना को एक नया आयाम देना प्रारभ किया तभी उसके नृत्यों में भी पर्वोत्सवी और कर्मकांडीय कारक आ जुड़े। इन कारकों

ने नृत्य की आन्तरिक और बाह्य संरचनाओं को प्रभावित किया। आखेट और कृषि के बीच नृत्य में साज-सज्जा का रूपायन हुआ। अस्त्र-शस्त्र धारण करना, मुखौटे लगाना, शरीर को रँगना जैसी सज्जा प्रणालियाँ विकसित हुईं। इसका प्रमाण हमें बस्तर के आदिम नृत्य नाट्य 'माओ पाटा' में प्राप्त होता है। यहाँ के मुरिया आदिवासियों का यह पारम्परिक नाट्य है। इसमें एक सामूहिक शिकार कथा है। माओ का अर्थ है–जंगली गाय अथवा भैंसा ! गाँव के लोगों का एक समूह गीत गाते हुए निकलता है। मार्ग में उसे शिकार मिल जाता है। समूह के लोग शिकार या माओ को घेर लेते हैं। शिकार इस घेरे को तोड़कर भागने का प्रयत्न करता है। इस दृश्य को अनेक पद-तालों और लयों के माध्यम से अभिनीत किया जाता है, इसके साथ घटनाएँ घटित होती हैं। अनेक छवियों के मध्य पद-ताल युक्त नृत्य घटनाओं की रूपरेखा प्रस्तुत करता है और नृत्य एक नाट्य रूप में तब्दील हो जाता है। माओ शिकार को घायल करता है फिर सरटा अपनी झाड़-फूँक पद्धति द्वारा शिकारी को स्वस्थ करता है। इसके बाद ही माओ का शिकार किया जाता है। यह नाटक आदिम आखेटिकी वृत्ति एवं लोक विश्वासों के मिले-जुले प्रभाव को व्यक्त करता है। माओ के मरते ही हर्ष से चीखते शिकारी दल को घेरकर युवतियाँ गीत गाना शुरू करती हैं और अन्त में शिकार को कन्धे पर टाँगकर लोग गाँव की ओर वापस आते हैं। इस समूचे आयोजन में गीत, नृत्य अभिनय और घटनाओं का मिला-जुला प्रभाव है। यह लोक नाट्य प्रदर्शन की वस्तु नहीं था, अपितु दर्शक एवं अभिनेता सब इसके अंग हैं। यही हमारी लोक नाट्य परम्परा का अति प्राचीन रूप भी है। इस परिवर्तन के प्रमाण हमारे पास विभिन्न शैलाश्रयों में भी पाए जानेवाले नृत्य-चित्र हैं। इनमें क्रमशः विषय का विकास होता गया। प्रस्तुतियों में सामूहिक लय को प्रश्रय मिलता गया। इन प्रयोगों ने नृत्य को दृश्य-रचना के करीब ला दिया और ये नृत्य ही धीरे-धीरे नाटकोन्मुखी होने लगे।

लोकधर्मी नाट्य परम्पराओं में नृत्य और संगीत नाटकों की नस-नस में व्याप्त है। बुन्देलखंड का स्वाँग, उत्तर भारत की नौटंकी, मालवा का माच, छत्तीसगढ़ का नाचा तथा मराठी का तमाशा इन सभी नाट्य परम्पराओं में संगीत और नृत्य को विलमाना सम्भव नहीं है। नौटंकी के समस्त संवाद लगभग संगीतमय हैं। इन संवादों की अदायगी में नृत्य का तालमेल है। नृत्य और संगीत का कोलॉज जब कथा-सूत्रों से संगृथित और रूपायित होने लगा, तब लोक नाट्यों का प्रत्यक्षीकरण सम्भव हुआ है। नृत्य और संगीत तथा कथा का त्रिआयामी प्रस्तुतीकरण शनैः-शनैः अपने अस्तित्व का विस्तार करता गया। मंच, सूत्रधार, वाद्य-वादक यहाँ तक कि दर्शक समूह के सम्मिलित हो जाने से नाटक प्रदर्शनकारी कला के रूप में स्वतन्त्र हो गया। यदि हम इस विकास को सम्यक् दृष्टि से परीक्षित करें तो क्षेत्रगत सांस्कृतिक विकास के साथ इसकी क्रमबद्धता को प्राप्त किया जा सकता है। सरगुजा या मंडला या सन्थाल परगना में लोक नाट्य विधाओं का अंशतः अभाव है। संगीत और नृत्य के आगे वे नाट्य-चेतना के विकसित स्वरूप को बहुत काल तक प्राप्त नहीं कर सके जबकि छत्तीसगढ़ के दक्षिणी पार्श्व में ही अधिक

विकसित क्षेत्र की ओर अग्रसर होने पर नाट्य रूपों की परम्परा का सिलसिला नाचा के रूप में मिल जाता है। नाचा के मूल में भी नृत्य की क्रियात्मकता है। मालवा में दाखिल होने पर हम 'माच' से परिचित होने लगते हैं। इस क्षेत्र तक आते-आते नाटक के साथ मंच की परिकल्पना जुड़ गई थी। रंग-कल्पना के स्तरों में विकास इसी क्रम में हुआ है। जैसे गीत के सीमित कलेवर में कथ्य की व्यापक हलचल सिमटती गई–तह प्रबन्धकाव्य की ओर अग्रसर होता गया वैसे ही नृत्य जीवन के व्यापक अनुसन्धान में रत होकर जब घटना, चरित्र, संवेदना, अभिनय और सज्जा में फैलने लगा तब वह अपनी स्वतन्त्र इयत्ता की खोज कर रहा था। बाद में अनेक सामाजिक और धार्मिक सरोकारों से परिव्याप्त होकर लोक नाट्य जीवन में विभिन्न आशयों को प्रकट करनेवाली कला-विधि बन गया।

लोक नाट्य के मूल आधार सामाजिक संरचना के अन्तर्द्वन्द्वों में विकसित होते रहे हैं। इसलिए जीवन की यथार्थपरक दृष्टियाँ भी इसमें परिलक्षित होती हैं। प्राकृत और अपभ्रंश में उपलब्ध रचनाओं के आधार पर यह स्पष्ट हो जाता है कि लोक का यथार्थ और सहज पक्ष ही इन नाट्य रचनाओं में उपस्थित हुआ है। लोक नाट्यों की यह परम्परा संस्कृत नाटकों के पूर्व और उनके समानान्तर चलनेवाली रही है। भरत ने लोकधर्मी नाट्यवृत्तियों का उल्लेख इसी परम्परा को लक्षित करते हुए किया है। लोक निरन्तर गतिशील रहा है, इसलिए उसके भीतर शास्त्रीयता फिंकती रही है और अपना स्थिर आधार बनाकर जड़ीभूत होती रही किन्तु लोक की गत्वरता अपने भीतर नए-नए आशय और नए-नए शिल्प का अन्वेषण करती रही। 'रास' से रासलीला का विकास एक क्रमिक प्रक्रिया के तहत हुआ है। 'रास' सामूहिक नृत्य का पर्याय है। इस सामूहिक नृत्य में प्रतिष्ठित हुई अनेक बोलियों को पार करते हुए रास की लय और भंगिमा कृष्ण चर्या में लोक प्रेरणा से ही सम्भव हुई है।

लोक नाट्य की विकास-यात्रा में सामाजिक परिवर्तन की प्रक्रिया एक आधार रही है। नृत्य से नाटक का निष्पादन आखेट युग से कृषि के बीच हुआ है। सामूहिक विश्वासों में पलते जादू-टोनों और टोटमों से प्रभावित कल्पना शैलियों ने नृत्य को मुखौटों और अन्य रंग कर्मों का संसार दिया। इसी स्तर पर नृत्य को वैयक्तिक भंगिमाओं और हावों-भावों से परिपुष्ट किया गया। भूत-प्रेत और अतिदैवीय शक्तियों के अनुष्ठान की क्रिया-प्रविधि के विकास के साथ चरित्रों की कोटियाँ निर्धारित हुईं। कृषि-कर्म एक सामूहिक उद्यम के रूप में विकसित टेक्नालॉजी थी जिसमें सामाजिक आशयों की सम्बन्धगत अवधारणाएँ पुख्ता हुईं। श्रम और उत्पादन के सीधे प्रभाव मानवीय चेतना में सामूहिक रूप से प्रत्यक्ष हुए। यह एक नया सांस्कृतिक ढाँचा था, जिसमें सभी कला-रूपों ने अपनी सामाजिक सम्पृक्ति को मानवीय हर्ष-विषाद के पर्वोत्सवी उत्साह और मातमी चिन्तन में प्रकट करना प्रारम्भ कर दिया था। लोक-विश्वासों का पुनर्कल्पी स्वरूप धर्मतन्त्र में पर्यवसित हो गया था। सामाजिक आचारों में भी धार्मिक क्रिया-कलापों की भागीदारी कायम हो चुकी थी।

सामाजिक श्रेणियों में संस्तरण कर्म शैलियों के विनिश्चयीकरण के परिणामस्वरूप स्थिर होने लगे। उत्पादक वर्ग में कर्म-विभाजन प्रारम्भ हुआ है। इस सम्पूर्ण सामाजिक बदलाव ने व्यक्ति को एक नई पहचान दी। यह पहचान उसकी व्यक्तित्व-संरचना का आधार बनने लगी। कर्मकारों और पुरोहितों के अनेकविध वर्गों में उसकी सामाजिकता स्थापित हो गई। यहीं से लोक नाट्यों के लिए चरित्रों का आविष्कार प्रारम्भ हुआ। मानव-स्वभाव और सामाजिक संस्कारों की मिली-जुली प्रभाव चेष्टा ने जहाँ चरित्र की स्वतन्त्र सत्ता विकसित की, वहीं लोक-व्यवहारों ने लोक नाट्य के कथा सूत्रों को समाजोन्मुखी बनाया। लोक नाट्य जीवन यथार्थ के करीब विकसित हुआ है। यही कारण है कि उसमें धार्मिक कर्मकांड और लोक व्यवहारों की निश्छल अभिव्यक्तियाँ हुईं। चूँकि लोक उच्च भ्रूवर्ग द्वारा निरन्तर हेय और तिरस्कृत माना जाता रहा है—अतः कालान्तर में कर्मकार और उत्पादक वर्ग द्वारा व्यवहृत नाट्य को उच्चवर्ग द्वारा अपेक्षित लगाव नहीं मिला। इस तरह लोक नाट्य का विकास नितान्त लोक-व्यवहारों के भीतर से होने लगा। उनका अपना इतिहास, अपने मिथक इसके भीतर समाहित हो गए। उनकी अपनी मौज-मस्ती और हास-परिहास भी इन लोक नाट्यों में सम्मिलित हुआ। धोबी, कुम्हार, मोची, माली, तंबोली, नाई आदि पात्रों की प्रमुखता लोक के अन्दरूनी हिस्सों को लोक नाटकों में प्रस्तुत करती है। बुन्देलखंड के स्वाँग में वह वर्ग अपनी बेलौस प्रतिक्रियाएँ व्यक्त करता है। ये प्रतिक्रियाएँ प्रायः हास्य-व्यंग्य प्रधान होती हैं। दबे-घिसे लोग अपनी मानसिक क्लान्ति को इस तरह से ही मिटा सकते थे। ये पात्र प्रायः साहूकार, अधिकारी, पंडित और बड़े मालगुजारों के शोषण के विरुद्ध इन पर अपनी हास्य प्रधान उक्तियाँ करते हैं। हास्य के लिए कामजनित दृश्य रूपों की योजना और नारी-पुरुष के मध्य की कामजन्य चेष्टाओं का समाहार भी लोक-नाटकों की अपनी विशेषता है। पौराणिक लोक प्रचलित धार्मिक आख्यानों को भी लोक नाटक ने अपनी विषयवस्तु में समेटा है। किन्तु इनमें सक्रिय चरित्र मानवीय स्वभाववाले ही हैं। यद्यपि अति मानवीय घटनाएँ और चरित्र भी इन लोक नाटकों के अंग हैं। इन सबने मिलकर लोक के रंग-कर्म की स्वायत्तता को स्पष्ट किया।

नागरजन इसी के समानान्तर नाटकों के क्षेत्र में शास्त्रीयता की स्थापना कर रहे थे। इस शास्त्रीयता में लोक का प्रवेश शनैः-शनैः वर्जित सा हो रहा था। नायक केवल देवता, राजा या उच्च कुलोद्भव व्यक्ति ही हो सकता है—जैसी शर्त सामान्य लोक जन को अपने नाटकों की पीठिका से स्खलित कर रही थी। दास-दासियों एवं अन्य निम्न कुलीय चरित्रों द्वारा प्राकृत भाषा में संवादों का प्रयोग इस ओर संकेत करता है कि लोक को वे दोयम दर्जा दे रहे थे। भरत मुनि के समक्ष ये दोनों धाराएँ थीं—जिन्हें वे देसी और मार्गी शैलियाँ कहते हैं। भारतीय जीवन, लोक और शास्त्र के समन्वय का साधन रहा है। लोक को त्याज्य मानकर भी शास्त्र इससे संवेदित होता रहा है। जीवन के सभी कर्मकांडों में लोक की घुसपैठ होती रही है। आज जो भी संस्कार पद्धतियाँ प्राप्त हैं उनमें लोक की भी व्यापक उपस्थिति है। लोक को पंडितजन ग्रहण भी करते रहे और उसे

त्याज्य भी मानते रहे। यह उनकी अपनी स्थिति से रक्षा एवं लोक की आकर्षक ताजगी का दुर्निवार आकर्षण है। नाटक के स्तर पर भी यह होता रहा। लोक नाट्य परम्परा का इतिहास उसके नैरंतर्य में ही प्रकट होता है। अन्यथा उसके पहचान चिह्नों और उसकी प्रस्तुतियों का लेखा-जोखा कहीं नहीं रखा गया। परिणामस्वरूप शास्त्रीयता के पहले विकसित होनेवाली इस कलाविधा के अनेक रूप लोकमंच से गायब होते रहे हैं।

आज हम जिन लोक नाट्य शैलियों से परिचित हैं—वे आठवीं-नवमीं शताब्दी तक का इतिहास दे पाती हैं। इसके पूर्व की लोक नाट्य शैलियों का पृथक एवं स्वतन्त्र इतिहास उपलब्ध नहीं है। इस दृष्टि से बुन्देलखंड का स्वाँग लोक नाट्य अधिक प्राचीन नाट्य रूप है। नाथ-सिद्ध सम्प्रदाय के सिद्ध कवि कण्हपा के काव्य में स्वाँग का उल्लेख है। इसमें जीवन के यथार्थमूलक पक्ष हैं। सामाजिक और सांस्कृतिक विसंगतियों का व्यंग्यपूर्ण उल्लेख है। यौन भावनाओं से परिपूरित हास्य है। इसके विषय श्रमजीवी वर्ग से उठाए गए हैं। इनकी मंच-सज्जा में जटिलता नहीं है। एक तरह से नुक्कड़ नाटकों के समान इसकी प्रस्तुति सहज और सरल है। आसाम का अंकिया नाट और कर्नाटक का यक्षगान दसवीं शताब्दी के उपरान्त की विधाएँ हैं। भरतपूर्व जो नाट्य शैलियाँ थीं, उनमें कुट्टि अट्टम नृत्य नाटिका छाया या पुतली नाट्य थे। इनके केन्द्र से ही अनेक नृत्य धारणाएँ विकसित होती हुई अंकिया, यक्षगान आदि के रूप में प्राप्त होती हैं। हिन्दी प्रदेशों में प्रचलित अधिकांश लोक नाट्य शैलियाँ पन्द्रहवीं शताब्दी के उपरान्त ही अस्तित्ववान हुई हैं। इस शताब्दी तक आते-आते भक्ति आन्दोलन व्यापक आकार ग्रहण कर चुका था। इस आन्दोलन ने समूचे भारत को अपने प्रभाव क्षेत्र में ले लिया था। लोक जीवन में इसकी जड़ें थीं। इसलिए लोक में ही यह पालित-पोषित होता रहा। पौराणिक मिथकों और कथाओं को लोक भाषाओं में प्रसारित होने का अवसर प्राप्त हुआ। इस आन्दोलन के पुरस्सरता भी साधारण लोक जन थे, इसलिए धार्मिक क्षेत्र में लोक मन की अभिव्यक्ति का सिंहद्वार ही उद्घाटित हो गया। अवतार चरित्रों की लीलाओं का गायन और अनुकरण प्रारम्भ हुआ। इसे 'लीला' शब्द से अभिहित किया गया। लीला के अन्तर्गत अपने आराध्य सगुण द्वारा सम्पन्न सभी क्रिया-व्यापारों का उनके भक्त जन अनुकरण करते हैं। इस अनुकरण में लोक-विश्वास, लोक-मनोविज्ञान, लोक-व्यवहार और लोक-रंग का भी समावेश हो जाता है। आराध्य का अनुकरण करते-करते अपने अनुरूप आराध्य को प्रस्तुत करने लगना और इस अनुकरण की आन्तरिक अभिक्रियाएँ और प्रतिक्रियाएँ स्वयं अपने होने में जाहिर करना क्रिया का अनुकरण मात्र नहीं अपितु अनुकार्य को अपने सरोकारों में ढालना भी है। इसी आधार पर चरित्रों के व्यवहारों और प्रकृतियों का विकास क्षेत्रीयता के आधार पर होने लगा। वैष्णव भक्ति आन्दोलन के उत्तर भारत में ब्रज और अयोध्या केन्द्र बने। इस आन्दोलन के शीर्ष आराध्य लीला पुरुष कृष्ण और राम थे। इन दोनों चरित्रों की लीलाओं का गायन और अनुकरण ही रासलीला और रामलीला लोक नाट्य शैलियों में पर्यवसित हुआ। रासलीला का आधुनिक रूप बल्लभाचार्य के द्वारा सम्भव हुआ। इसमें चरित-अनुकरण

गायन और वादन की अनुरंजनकारी भित्तिका पर उपस्थित है। 'रास' सम्भवतः लोक का प्राचीन नृत्य नाट्य है—इसका सम्बन्ध गौचारण संस्कृति से है। संस्कृत ग्रन्थों से लेकर अपभ्रंश के ग्रन्थों तक में 'रास' और 'चर्चरी' का उल्लेख प्राप्त होता है। जैसे कृष्ण चारागाही संस्कृति से उपजे देवता हैं—वैसे ही रास का उन्मेष भी चारागाही संस्कृति से हुआ है। लगभग चार सौ वर्ष पूर्व रामलीला अस्तित्व में आई। इसके प्रारम्भकर्ता तुलसीदास हैं। विभिन्न क्षेत्रों में इस तरह की लीलाएँ पूर्व प्रचलित थीं। मुलतान में कयबरों द्वारा रामायण का अभिनय, महाराष्ट्र में हरिश्चन्द्र तथा दशवतार (ललित विस्तार), केरल में कुट्टिट अट्टम्, गुर्जर में राम रास और राम वंश, असम में राम जात्रा, बंगाल में रामायण पांचाली, आन्ध्र के छाया नाटक, कर्नाटक में यक्षगान, उड़ीसा में साही जात्रा आदि का प्रचलन था। इस प्रकार समूचे भारत वर्ष में ये लीलाएँ अनेक शैलियों में प्रचलित थीं। रामलीला 'रहस' के रूप में अनेक बोली क्षेत्रों में भी सक्रिय हुई। रामलीला का विस्तार उत्तर भारत के गाँव-गाँव में हो गया। इसके बाद 'माच' और 'नाचा' जैसी लोक प्रस्तुतियाँ लोक के अलग केन्द्रों से विकसित होती रहीं। लोक-जीवन के व्यावहारिक और प्रयोगपरक तत्त्व इनमें प्राप्त होते हैं, इसी श्रेणी में नौटंकी का प्रदर्शन भी आता है। वाजिद अली शाह ने नौटंकी के रूप को सँवारा। इन सभी नाट्यरूपों का लोक नृत्य और लोक संगीत से चोली-दामन का सम्बन्ध है।

उन्नीसवीं शताब्दी में भारतीय जन के साथ पारसी रंगमंच का सम्पर्क हुआ। इस रंगमंच शैली ने यहाँ की लोक नाट्य संरचना में भी अपनी दखलन्दाजी प्रारम्भ कर दी। नौटंकी और रामलीला में इस पारसी शैली के प्रवेश ने इन लोक नाट्यों को एक नया आयाम दिया। संवाद अदायगी, नृत्य और गायन मंच सज्जा में पारसी थिएटर की विशेषताएँ समाहित हो गईं। रासलीला के क्षेत्र में इस तरह की प्रयोगशीलता प्रवेश नहीं कर पाई। इसका कारण यह था कि रास की नृत्य शैलियाँ शनैः-शनैः शास्त्रीय चक्र में बँधने लगी थीं। और उनका विकास स्थिर हो गया था। सामान्यतः राधा-कृष्ण के रास नृत्यों से लोक की पकड़ ढीली पड़ने लगी थी और रास का एक शास्त्र विकसित हो गया था। रासपंचाध्यायी में भी इस तरह के नृत्यों के शास्त्रसम्मत स्वरूप की प्रतिष्ठा हो चुकी थी। रामलीला निरन्तर प्रयोगों में विकसित हो रही है। इसलिए उनमें लोक-संगीत और लोक नृत्यलयों को ही संगृथित नहीं किया गया अपितु उनके संवादों में तुलसी, केशव और स्थानीय रचनाकारों तक की काव्य पंक्तियों को समाहित कर लिया गया। पारसी थिएटर के प्रभाव के लोक नाटकों में इतिहास के पुनर्प्रस्तुतीकरण की ओर भी नाट्य मंडलियों का ध्यान गया। लोक नाट्य विभिन्न सामाजिक आशयों से परिपूर्ण होने लगा और फिर उसके पाँव लोक से हटने लगे और वह नागर-सीमा में प्रवेश कर गया। वह अन्तरावलम्बित चक्र सभी कला-विधाओं में प्रस्तुत होता है। लोक अपनी सीमाएँ विस्तृत करता है तो वह नागर बन जाता है। या नागर अपने को लोक तक उत्क्षिप्त करता है तो लोक को अपने भीतर समेट लेता है। लोक इस परिवर्तन को भी सहकर इसलिए जीवित रहता है कि उसमें नैरन्तर्य की तरोताजगी है—उसकी भी

व्यापक प्रयोगशीलता है। अपने निजस्व के विस्तार के लिए वह न जाने कहाँ-कहाँ से जूझता है। लोक चित्र एकदम प्रकृति जैसा होता है–चिरनूतन !

आधुनिक नाटकों में लोक नाट्य तत्त्वों की वापसी नाटकों की सम्प्रेषणीयता को बरकरार रखने का एक जीवन्त प्रयास है। लोक बोलियों की असीम ताकत और लोक संगीत की असीम सम्प्रेषण शक्ति के कारण नाट्यकर्म से जुड़े कलाकर्मियों का इस ओर आकर्षित होना स्वाभाविक ही है। हिन्दी, मराठी, गुजराती आदि सभी भाषाओं में इस तरह के प्रयोग हो रहे हैं और नाटक फिर लोकोन्मुखी शक्तियों से परिपूर्ण हो रहा है। लोक बोलियों की शब्द सम्पदा और लोक संगीत की लयों को लोकप्रियता प्राप्त हो रही है। छत्तीसगढ़ी लोक तत्त्वों का उपयोग हबीब तनवीर ने अपने नाटकों में किया है। आधुनिक जीवन बोध के साथ लोक को प्रस्तुत करने का प्रयास इधर खूब किया जा रहा है। लोक नाटक ने अपनी कथा-वस्तु के लिए लोक कथाओं को टटोला है। स्वाँग में यह प्रवृत्ति पाई जाती है। अनेक हास्य-व्यंग्य प्रधान छोटी-छोटी लोक कथाओं का नाटकीकरण हो गया है। ठगों और सामान्य जनों की चतुराई के साथ-साथ घर-परिवारों की सरसता को प्रकट करनेवाली लोक कथाएँ लोक नाटकों की विषयवस्तु की उत्प्रेरक रही हैं। आधुनिक नाटकों में भी प्रयोग किए गए हैं। हबीब तनवीर के 'चरणदास चोर' और 'गाँव का नाम ससुराल' आदि लोक-कथाओं के आधार पर प्रस्तुत नाटक हैं। हबीब तनवीर की यह विशेषता है कि लोक तत्त्वों को रचनात्मकता के स्तर पर इस तरह प्रस्तुत करते हैं कि आधुनिकता के साथ कहीं व्याघात नहीं हो पाता। यह एक अलग तरह का नैपुण्य है जो लोक नाट्य-तत्त्वों को अपनी व्यावसायिकता में लपेट रहा है। हबीब तनवीर के प्रारम्भिक नाटकों में लोक का प्रस्तुतीकरण रचनात्मक संवेदना के आधार पर ही हुआ है। किन्तु धीरे-धीरे वे लोक के आखेटक भी बनते गए। अब तक के रंगकर्मियों में हबीब तनवीर को यह श्रेय दिया जा सकता है कि उन्होंने आधुनिक नाटक की प्रस्तुतियों में लोक के अहम अस्तित्व को रचनात्मक भूमिका प्रदान की। लोक बोली और लोक-रागिनी का इस्तेमाल उन्होंने सावधानी के साथ किया है। 'चपरासी' और 'जमादारिन' नाटक में उन्होंने नाचा की क्षमताओं का प्रयोग किया है। लोक-नृत्य, लोक-संगीत और लोक-बोली के संसार से अपने नाटकों को आविष्कृत कर उन्होंने नाटक की क्षमताओं का ही विकास किया है। रंग निर्देशकों में इस तरह के प्रयोग करनेवालों में दूसरा महत्त्वपूर्ण नाम है–बी.बी. कारन्त ! कारन्त के पास लोक को बहुत नजदीक से देखने की दृष्टि है। कर्नाटक और हिन्दी प्रदेशों के लोक तत्त्वों से उनकी सन्निधि रचनात्मकता के स्तर तक है। इधर बुन्देली और उत्तर भारत की पूर्वी लोक-धुनों और लोक-रागिनियों का इस्तेमाल उन्होंने अपने नाटकों के लिए किया है। मराठी नाटक 'घासीराम कोतवाल' की प्रस्तुती में बुन्देली और उसके संगीत की लोकलयकारी का प्रयोग उसे नई चमक दे देता है। देशकाल की सीमाएँ समाप्त हो जाती हैं। ये सार्थक प्रयोग नाटक के साधारणीकरण को शक्ति दे रहे हैं।

इधर के हिन्दी नाटक लेखकों में लोक के प्रयोग की प्रचुरता होती जा रही है।

जगदीश चन्द्र माथुर, लक्ष्मीनारायण लाल, विनोद रस्तोगी, शंकर शेष और कुछ अन्य लेखकों ने इस तरह के प्रयोगों को आत्मसात किया है। लोक विश्वासों और समस्याओं के परिवेश में आधुनिकता की पहचान और लोक रागिनियों के बीच से उपजे लय संसार को नाटक की गतिशीलता में सक्रिय कर देना इन नाटककारों की नाट्य लेखन कला का एक प्रमुख आधार रहा है। नाटककार जब लोक-लयों और लोक रिक्थों का इस्तेमाल करता है, तब वह लोक को सहज और सम्यक् रूप में प्रस्तुत नहीं कर पाता। वह प्रयोग को रचना की आत्मीयता में नहीं ढाल पाता जबकि निर्देशक अपनी रंग-दृष्टि के माध्यम से लोक को एक सहजात उपक्रम के रूप में प्रकट कर देता है। जैसे कि रचनाकार के पास लोक-लय की अनुगूँज रहती है किन्तु वह उसे सम्पूर्णतः प्रत्यक्ष नहीं कर पाता। नाटक में यदि गीत की आवश्यकता है, तो वह अपने या किसी और द्वारा रचे गीत को लोक-लय के अनुरूप ढालेगा जबकि निर्देशक सीधे लोकगीत से ही नहीं—इनके बोलों के साथ अपना मुहावरा सुरक्षित करता है। निर्देशक इस मुहावरे को पकड़ लेता है। नाटक एक साझा रचना विधान तो है ही—इसलिए उसका शब्द लेखक का शब्द नहीं है—वह निर्देशक, अभिनेता और अन्त में दर्शक का भी शब्द है—इसलिए शब्द के व्यापक परिवेश को नाटक में उजागर किया जाता है। शब्द का समूचा संस्कार-संसार नाटक में प्रकट होता है। रचनाकार शब्द को कथा-रूप-चरित्र-संवेदना और परिवेश भावना देने के साथ-साथ उसे विचार और संकल्प से परिपूर्ण करता है—किन्तु उसे भरोसेमन्द और विश्वसनीय बनानेवाले हैं—अभिनेता, निर्देशक ! इस विश्वसनीयता को पाने के लिए ये सब लोक की ओर लौटते हैं, हिन्दी नाटकों में इस तरह की पहल हो रही है। केवल भाषा-तत्त्व पर ही नहीं वस्तु-चयन में भी नाटककार इस उद्यम को सम्पन्न कर रहे हैं। जगदीश चन्द्र माथुर का नाटक 'दशरथ नन्दन' रामलीला की तर्ज पर रचा गया है। भारत की नई पीढ़ी को अपने लोक रिक्थ से परिचित कराना एवं रामलीला के शुद्ध रूप को सुरक्षित रखना—इस कृति की रचना का उद्देश्य है। लक्ष्मीनारायण लाल एवं मणिमधुकर ने भी लोक शैली-निबद्ध नाटकों की रचना की है—लोक-परम्पराओं और मिथकों के बीच से उभरती आधुनिकीकरण की प्रक्रिया को वे इन नाटकों में अभिव्यक्त करते हैं। रचनाशील रंगनिर्देशक अपनी उर्वर कल्पना शक्ति और अपनी अभिन्न लोक संस्पर्शिता के माध्यम से ऐसे प्रयोगधर्मी नाटकों को विश्वसनीय बनाए हुए हैं। लोक नाट्य शैली को शिष्ट नाट्यों के साथ जोड़कर नाटकों में लोक रंग तो उत्पन्न किए जा सकते हैं—उनके भीतर साधारणीकरण की सामर्थ्य भी जगाई जा सकती है किन्तु उसमें यदि रचनात्मकता का सही दबाव निर्मित नहीं हो पाया तो वह व्यावसायिकता के गलत हाथों में फँसकर रह जानेवाली कला-प्रक्रिया रह जाएगी।

लोक नाट्य कला का विकास अवरुद्ध सा होता जा रहा है। पुरानी लोक नाट्य कला के प्राचीनतम रूप विलुप्त हो रहे हैं। अनेक कबीलाई आदिवासी संस्कृतियों का समापन इस शताब्दी के अन्त तक हो जाएगा। इसके साथ कला रूपों में जो सहज विकास की परमपरा थी वह मिट जाएगी। नए औद्योगिक विकास ने जंगलों को साफ

किया—यन्त्रों को कृषि कार्यों से जोड़ा। समूह चेतना में जो लय थी वह खंडित हुई। ट्रैक्टर, थ्रेसर और हारवेस्टर जैसे कृषि उपयोगी औजारों ने सैकड़ों लोगों की श्रम सामूहिकता को नष्ट कर उनके स्थान पर एक-दो व्यक्तियों को यन्त्र सहयोगी बना दिया है। फसल रोपने, फसल काटने, उगाहनी करने, दाय-दाब करने जैसे कृषि कार्यों में जन समूह क्रियाशील होता था तब उनकी श्रम-लय ही संगीत और नाट्य की अभियोजना करती थी। नए विश्वास और नई परिकल्पनाएँ इसके साथ जुड़ती जाती थीं। अब जब सामूहिक लय का आधार ही नष्ट हो रहा है तब उसमें विकास की सम्भावनाएँ ही नहीं खोजी जा सकतीं। उपयुक्त आर्थिक आधार जुटाने में भी गाँव को हाथ सिकोड़ना पड़ रहा है। गाँव में जो नाट्य मंडलियाँ थीं वे भी साँसत में हैं। पारम्परिक नाट्य कलाएँ धीरे-धीरे नगरों में प्रदर्शन का विषय बनती जा रही हैं। अब तो लोक नाट्यों का भी उत्पादन नगरों में होने लगा है। उपभोक्ता संस्कृति इस क्षेत्र में पनप रही है। यह संस्कृति लोक नाट्यों के प्रकृति सहजात स्वरूप को कुंठित कर रही है। बड़े-बड़े उद्योगों में कार्यरत श्रमिक वर्ग एक नए परिवेश में प्रवेश कर गया है। उसके भीतर लोक की रागवत्ता स्मृति और संस्कार प्रतिध्वनि के रूप में शेष है। इस दिशा में उसकी सक्रियता भंग हो गई है। आर्थिक प्रतिस्पर्द्धा का परिणाम है कि प्रत्येक लोक कलाकार शहर की तरफ भाग रहा है। लोक कलाकारों का नगर की ओर यह पलायन स्पष्ट कर रहा है कि लोक नाट्य कलाओं के भीतरी कला-संसार में काफी गहमागहमी है। उसे रोका भी नहीं जा सकता। जब पारिस्थितिक एवं सामाजिक रूप से जीवन में परिवर्तन हो रहा है तब इन कला रूपों को जीवित रखने का संकल्प केवल कलाकार ही ले सकते हैं। निश्चित ही हमारे द्वारा यह प्रयत्न होना चाहिए कि इन कलाओं के लिए उचित वातावरण निर्मित किया जाए, ताकि उनमें जीवन्तता बनी रहे और उनका सहज विकास भी सम्भव होता रहे।

बुन्देलखंड की स्वाँग-परम्परा

स्वाँग अतिप्राचीन प्रदर्शनकारी कला है। लोक नाट्यों के इतिहास में स्वाँग नाट्य उत्स के रूप में भी स्वीकार किया जा सकता है। लम्बे तथा कथाप्रधान लोकगीतों में वर्णनात्मकता जब केवल वाचिक न रहकर शारीरिक हरकतों से अभिव्यक्त होने लगी तब नाट्य का सूत्रपात हुआ। सबसे पहले लोक नाट्य का स्वरूप गीतात्मक ही रहा है। फिर उसमें संवादों का सिलसिला पहले काव्य में फिर गद्य में प्रारम्भ हुआ। लोक नाट्य का प्रारम्भिक स्वरूप निश्चित ही लघु कलेवरीय रहा है। एक झलकी जैसा, कर्टेनराइजर जैसा बिना किसी नामधाम और टीमटाम के एकाध प्रसंग की सद्यःप्रस्तुति ही लोक नाट्य का मूल बीज कहा जा सकता है। यद्यपि बोलियों के उद्‌भव के साथ ही लोक बोलियों के लोक नाट्यों की परम्परा विकसित मानी जाती है और अध्येताओं के मध्य देशीय लोक नाट्यों का 9वीं से 10वीं शताब्दी से ही सूत्रपात स्वीकार किया गया है। किन्तु इस तरह के निष्कर्ष कुछ भ्रम भी निर्मित करते हैं–जैसे कि हिन्दी की बोलियों के पूर्व क्या कोई लोक नाट्य था ही नहीं ? निश्चित ही हिन्दी की बोलियों के पूर्व लोक नाट्य की परम्परा थी और अपभ्रंश तथा प्राकृत में तो यह परम्परा अपनी सम्पूर्ण जीवन्तता में थी। इन्हीं अपभ्रंश और प्राकृत लोक नाट्यों से छाया ग्रहण करके ही हिन्दी बोलियों का लोक नाट्य रूपायित हुआ। इस दृष्टि से स्वाँग उन विरल लोक नाट्यों में से है जो सीधे अपभ्रंश और प्राकृत से आयत्त हुआ है–एक तरह से स्वाँग हिन्दी बोलियों के लोक नाट्यों में सर्वप्राचीन लोक नाट्य है। नाथ और सिद्ध सम्प्रदाय के कवियों ने स्वाँग का उल्लेख किया है। नवमीं शताब्दी में सिद्ध कवि कण्हपा ने स्वाँग की चर्चा की है।

स्वाँग की कुछ सामान्य विशेषताओं को हम अपभ्रंश और प्राकृत के साहित्य से भी पाते हैं। मसलन अपभ्रंश और प्राकृत का साहित्य जन सामान्य के जीवन से उपजीव्य ग्रहण कर रहा था। निम्न और दलित वर्ग का आक्रोश इस साहित्य में कहीं व्यंग्य के माध्यम से और कहीं धक्कामार यथार्थ के रूप में अभिव्यक्त हुआ है। सामाजिक वैषम्य, धार्मिक पाखंड और आडम्बरयुक्त जीवन के उद्‌घाटन में वह साहित्य सक्रिय रहा है। इस साहित्य में लोक जीवन के सरस और निश्छल प्रसंग भी समाहित हैं। यौन सन्दर्भों के अनेक दृश्यायाम भी इस साहित्य में निहित हैं। यह साहित्य अनुरंजन और सामाजिक परिष्कार का विशिष्ट माध्यम बना है। दोहा और अन्य छोटे छन्दों में अभिव्यक्त

होनेवाला यह साहित्य अपनी प्रस्तुति में निश्छल और निर्द्वन्द्व साहित्य है—लगभग ये सभी विशेषताएँ स्वाँग में भी उपलब्ध होती हैं—अतः स्वाँग सीधी प्राकृत और अपभ्रंश के कला सन्दर्भों से ही आविष्कृत लोक-नाट्य विधा है। संस्कृत से पूर्व भी लोक में यह विधा बोली और भाषा के भिन्न माध्यमों से प्रचलित थी। समाज की आदिम अवस्था के बाद में जो चारागाही संस्कृति प्रधान समाज की संरचना हुई, वहीं से एक आर्थिक चक्र भी समाज की रांधारणा में क्रियाशील हुआ जिसकी परिणति बाद में कृषि प्रधान समाज के रूप में हुई। समाज के उन बदलते रूपों में स्वाँग जैसे छोटे नाट्य रूप ही सक्रिय रहे हैं। यही वजह है कि स्वाँग की अवधारणा केवल बुन्देलखंड में ही नहीं अन्य इलाकों में भी प्राप्त होती है। आदिम समूहों में अवशिष्ट कोरकूओं में भी स्वाँग की विधा प्राप्त होती है। कोरकूओं के समूह में झेरी पारड़ी और खम्ब स्वाँग पारस्परिक स्वाँग रूपों में से है। गौंडों में भी स्वाँग का प्रचलन है। राजस्थानी लोक जीवन में भी ख्याल का एक स्वाँग या स्वाँग रूप प्राप्त होता है, उसी प्रकार महाराष्ट्र और गुजरात में भी 'स्वाँग' प्राचीन लोक नाट्य के रूप में अस्तित्वमान रहा है।

स्वाँग में जीवन की अनुकृति और उसका हास्य-व्यंग्य प्रमुख रूप ही केन्द्रित है। यह जीवन के सहज अनुकरण का अवबोधन देनेवाली विधा है। स्वाँग मूलतः नकल है। नकल बुन्देलखंडी में मात्र अनुकरण नहीं है—नकल हास्य और व्यंग्य की मनोरम रचना है। नकल एक पैरोडी है तो दूसरी ओर ह्यूमर में सहायक भी। यही कारण है बुन्देलखंड में स्वाँग के समानान्तर इस विधा के लिए नकल शब्द भी प्राप्त होता है और इसके प्रस्तुतीकरण को 'नकल उतारना' भी कहा जाता है। बुन्देलखंड आवागमन की सुविधा से वंचित और नितान्त एकाकी क्षेत्र रहा है—साथ-ही-साथ अपनी धुन और धज में मस्त क्षेत्र भी। यही कारण है कि यहाँ नाटक का यह स्वाँग रूप अपने स्वरूप में अभी तक जीवित है। यह बुन्देलखंड का अपना एकमात्र लोक नाट्य है। गीत व गद्य का यह चम्पू नाट्य काव्य है। सुअंग और सुरूप कल्पित पात्र की वेशभूषा को धारण करने की प्रक्रिया है। रामलीला और रासलीला में पात्रों को सुरूप ही कहा जाता है। सुअंग के रूप में निश्चित ही स्वाँग पररूपधारण की सुन्दर कला है। बुन्देलखंड अपनी प्रकृति में वीरता और अक्खड़ता के लिए प्रसिद्ध है। अक्सर मन को उत्फुल्ल बनाने के लिए यहाँ का आदमी हँसी-मजाक का सहारा लेता है। वीरता के अन्तःप्रदेश में निर्झरित हास्य की अवधारा—बुन्देलखंड के समाज स्वभाव की प्रतीक है। 'बुन्देलखंड' में शिक्षा का अभाव भी रहा है। अतः नए के प्रति तिरस्कार का ही भाव अधिक रहा है। इस तिरस्कार भाव को हास्य के स्तर पर भी प्रस्तुत किया जाता रहा है। यहाँ के लोक साहित्य में यौन प्रतीकों और खुले यौन भावों का प्रदर्शन भी विशेष अवसरों पर आम रहा है। अतः यहाँ के व्यक्ति का मन रसिया किस्म का है। स्वाँग में भी उसके इसी रसिया स्वभाव का परिचय प्राप्त होता है।

बुन्देलखंड में स्वाँग जीवन के अनेक प्रसंगों पर प्रस्तुत होता है। यह गीत नृत्य के बीच भी प्रस्तुत होता है और स्वतन्त्र रूप से भी उसकी प्रस्तुति होती है। गीत नृत्य

के मध्य राई, कांडरा, ढिमरयाई और फागों में इसे दृश्य काव्य के रूप में मनोरंजनार्थ प्रस्तुत किया जाता है। स्वतन्त्र रूप से विवाह के अवसर पर, नाटक-नौटंकी के अवसर पर, त्यौहारों और उत्सवों के अवसर पर भी इनको प्रदर्शित किया जाता है। इस आधार पर इनका नामकरण भी किया गया है : होली के स्वाँग, स्त्रियों के स्वाँग, नवरात्रि के स्वाँग, त्योहारों के स्वाँग, बहुरूपियों के स्वाँग, बच्चों के स्वाँग, और विवाहोत्सवों के स्वाँग। सामान्यतः राई और विवाहोत्सवों में 'स्वाँग' का विस्तार इस अंचल के कोने-कोने में है। राई एक ऐसा नृत्य है जो रात-रात भर चलता है। राई में नाचनेवाली और वाद्य बजानेवाले बीच-बीच में विश्राम कर लें—इस निमित्त राई के मध्य में स्वाँग प्रस्तुत किया जाता है। दर्शकों की एकरसता को तोड़कर उनके भीतर वैविध्य उत्पन्न करने के उद्देश्य से भी इसकी उपादेयता है। विवाह के समय स्वाँग में स्त्रियों की ही हिस्सेदारी होती है। गाँव का पुरुष वर्ग बारात में चला जाता है—मात्र स्त्रियाँ ही बचती हैं। इसलिए सुरक्षा की दृष्टि से उनका सामूहिक रूप से रात-भर जागना आवश्यक हो जाता है। इस जागरण को स्त्रियाँ मनोरंजन में तब्दील कर लेती हैं और रात-भर स्वाँग का आयोजन चलता है। सुबह-सुबह बाबा का स्वाँग होता है। विवाह के इन स्वाँगों में धार्मिक और दैवीय अभिप्राय भी समाहित है। स्त्रियाँ बरातियों और दूल्हे के कुशलक्षेम के लिए रात भर टोने-टोटके करती हैं। वायु, अग्नि और भूतप्रेत की प्रसन्नता हेतु गीत गाती हैं और स्वाँग करती हैं। यौन सम्बन्धी क्रियाओं और रति प्रसंगों के आह्वान चलते हैं। अपने-अपने पतियों के नाम लेने और उनके व्यक्तित्व के स्पष्ट चौखटे को खोलकर रखने का प्रयास भी उन स्वाँगों में होता है। पुरुषों से दबी-पिसी बुन्देलखंडी औरत को उस रात अपने पुरुषों की अच्छी खोज-खबर लेने का अवसर प्राप्त होता है। मनोवैज्ञानिक दृष्टि से यह पुरुष के काल्पनिक प्रताड़न की भी आयोजना है। बाबा के स्वाँग में भी स्त्रियाँ पुरुष का रूप धारण कर गली-खोरों में मिलनेवाले पुरुषों को अपने वाग्बाणों से छेदती हैं और कहीं-कहीं तो बेलनों से पीटती भी हैं। पर्वों और उत्सवों के स्वाँगों में धार्मिकता का पुट रहता है।

स्वाँग की विषय-वस्तु सामान्यतः सामाजिक सन्दर्भों में ओत-प्रोत रहती है। स्वाँग अपने समय और समाज के दबावों से अपनी कथावस्तु का विकास करता चलता है। इसलिए उसकी कथावस्तु समाज के बदले सन्दर्भों को भी आत्मसात किए हुए है। सामाजिक वैषम्य पर उसमें प्रतिक्रियाएँ निहित होती हैं। साहूकारों, सामन्तों, पंडितों, पुरोहितों और थानेदार आदि की प्रायः खिल्ली उड़ाई जाती है। इनके छद्मवेषी जीवन को उघाड़ा जाता है। इनको सामान्य जन द्वारा ठगा जाता है। एक तरह से निर्बल, निर्धन और दलित वर्ग अपनी मानसिक तृप्ति स्वाँग के माध्यम से करता है। सामाजिक और सांस्कृतिक विसंगतियों पर स्वाँग में जमकर प्रहार होता है। बुन्देलखंड के दलितजन ऋणग्रस्त जीवन यापन करते रहे हैं—अतः ऋणमुक्ति के काल्पनिक प्रयासों की कल्पना उनके स्वाँगों में है—साथ-ही-साथ साहूकार के प्रति वितृष्णाजन्य तुच्छताभाव भी है। गड़रिया और साहूकार के स्वाँग में यही तथ्य स्पष्ट होता है। गड़रिए पर ब्याज-त्याज-चढ़ाता

साहूकार अदालत में गड़रिया की होशियारी से मुकदमा हार जाता है। यहाँ तक कि गड़रिए का वकील भी गड़रिया की होशियारी के समक्ष पानी माँगने लगता है। सामाजिक बुराइयों के अन्तर्गत बहुविवाह का प्रचलन बुन्देलखंड में अधिक रहा है। बहुविवाह की बुराइयों को व्यक्त करनेवाले बहुत से स्वाँग इसलिए बुन्देलखंड में प्रचलित हैं। दो पत्नियों का पति कैसे-कैसे परेशान होता है। कैसे दो पाटों के बीच वह पिराता है। इन सब तथ्यों का उल्लेख इस तरह के सामाजिक स्वाँगों में होता है। यद्यपि इन सबकी प्रस्तुति हास्य-व्यंग्य के आवरण में ही होती है किन्तु ये सन्देशप्रधान स्वाँग हैं।

हँसी-मजाक के स्वाँगों में मात्र मनोरंजन ही अभीष्ट होता है—इसमें संवादों की भाषा के माध्यम से, आंगिक क्रियाओं के माध्यम से हास्य उत्पन्न किया जाता है। इस तरह के स्वाँग में गीतात्मकता का भी महत्त्व होता है। समधी-समधन के मध्य चलनेवाला गीतात्मक वार्त्तालाप अपने संवादों के माध्यम से हास्य उत्पन्न करनेवाले हैं। कभी-कभी ऐसे स्वाँगों में अश्लीलता भी आ जाती है—किन्तु इस अश्लीलता को केवल वयस्क दर्शक ही अनुभव कर पाते हैं। निम्न गीत से इस तथ्य को अवलोकित किया जा सकता है—

समधी कहता है—*समधिन तोरी चू...बनी है विशाल !* चू...कहकर रुक जाना वयस्क दर्शकों को गुदगुदाने का तरीका है—

इस बार समधी अपने कथन को पूरा करता है—

समधिन तोरी चूनर बनी है विशाल...।

इस तरह भाषागत लाक्षणिकता के माध्यम से हास्य उत्पन्न करने की चेष्टा उत्पन्न की गई है। ये नकलें प्रायः नाटकों के मध्य फिलर का काम करती हैं। इस तरह के मनोरंजनी स्वाँगों में प्रायः शब्दों का चमत्कार निहित होता है। जैसे एक सेठ अपने मित्र का निमन्त्रण करता है—घर आकर सेठ अपनी सेठानी से निमन्त्रण में भोजन के लिए तैयार की जानेवाली वस्तुओं के विषय में पूछता है, घी, शक्कर आदि की जानकारी लेता है तो सेठानी कहती जाती है कि उस वस्तु को छोड़कर बाकी सब कुछ है। अन्त में सेठ को पता चलता है कि घर की रसोई ही खाली है तब वह सामग्री लेने बाजार जाता है। इसी बीच उसका मित्र उसके घर आ जाता है। सेठानी से कहता है कि सेठजी कहाँ हैं ? उन्होंने आज मेरा निमन्त्रण किया था। सेठानी बताती हैं कि वे तो बाजार गए हैं। मित्र कहता है कि घर में जो कुछ भी बना है, वही खिला दो। बहुत भूख लगी है। सेठानी बताती है कि घर में तो हुड़दंग पाग बना है। मित्र उसी की माँग करता है तो सेठानी बेलन लेकर मित्र को खूब पीटती है और कहती है कि यही हुड़दंग पाग है। खा लो, जी भरकर खा लो—मित्र भागता है। बाद में सेठ से बताता है कि तुम्हारी पत्नी हुड़दंग पाग बहुत अच्छा बनाती है। क्या तुमने कभी खाया ! सेठ कहता है कभी नहीं—और अपनी पत्नी को घर आकर डाँटता है कि तुम इतना अच्छा हुड़दंग पाग बना लेती हो, हमें पता नहीं था। वह तो हमारे मित्र ने बताया है। हमें भी बनाकर खिलाओ। सेठानी सेठ को टालना चाहती है किन्तु सेठ की जिद के सामने सेठानी की एक नहीं

चलती, तब सेठानी सेठ को भी दौड़-दौड़कर मारती है—और कहती जाती है यही हुड़दंग पाग है। इस तरह हँसी-मजाक के बीच ही स्वाँग समाप्त हो जाता है।

स्वाँग का कथानक लोक कथाओं, पहेलियों, जादू-टोनों आदि से भी निर्मित होता है। स्वाँग का कोई लिखित कथानक नहीं होता है। इसको अभिनीत करनेवाले पात्र स्वाँग के पूर्व निर्धारित कर लेते हैं कि कौन सी कथा प्रस्तुत करना है और तदनुसार स्वतःस्फूर्त होकर संवाद बोलते हैं और कथा आगे बढ़ती जाती है। स्वाँग का कथानक एक व्यक्ति द्वारा रचित नहीं होता है—यह एक सामूहिक प्लान होता है जिसमें प्लान अपने आप उभरकर आ जाता है। कभी-कभी कथा में से कथा प्रस्फुटित हो जाती है और लोक कथा शैली में विकसित होती चलती है—किन्तु यह सब अभिनय करनेवालों पर निर्भर करता है कि वे कथा को कैसे साधते हैं ? क्योंकि स्वाँग का न कोई सूत्रधार होता है न कोई कथा-कथन करनेवाला कहैया या गायक और न ही कोई प्राम्पटर होता है। एक प्रकार से यह नुक्कड़ नाटक जैसी विधा है। बुन्देलखंड में लाटोरिया, सुनार, दाऊजू, धतूरा खाज, सूरा, लुवाइनों, पंडत, ठाकुर, भूरी भैंस, विधवा, मरघट के मशान आदि प्रमुख स्वाँग हैं।

स्वाँग में पात्रों की भीड़-भाड़ नहीं रहती है। दो या तीन पात्रों से ही स्वाँग का प्रस्तुतीकरण सम्भव हो जाता है। चरित्रों में स्त्री और पुरुष दोनों रहते हैं। स्त्री पात्र भी पुरुष बनते हैं। ये पात्र अत्यन्त विदग्ध कला-प्रवीण, प्रत्युत्पन्न मतिवाले रहते हैं। इन पात्रों को विदूषकी वृत्ति का होना आवश्यक है। गायन-वादन में भी ये प्रवीण होते हैं। शारीरिक अंगों के संचालन में ये अद्‌भुत होते हैं। इनका अंग-अंग फड़कता है। उछल-कूद और शारीरिक कलाबाजियों में ये माहिर होते हैं। अभिनय तो इनकी रग-रग में भरा रहता है। लोक जीवन के सूक्ष्म पारखी भाषा के जादूगर और हास्य प्रसंगों को सभी स्तरों पर प्रस्तुत करनेवाले ये कलाकार दो-चार गाँव में एक-दो ही होते हैं। संवाद अदायगी में ये सावधान, पूर्वापर प्रसंगों को समझनेवाले और भाषा की लाक्षणिक शक्तियों से परिचित होते हैं। बोली की नाटकीय अभिव्यक्ति इनके पास जन्मजात होती है। प्रायः एक जोड़ी पात्र तो इन विशेषताओं से परिपूर्ण दो-तीन गाँवों की परिधि में मिल ही जाते हैं और ये आसपास के गाँवों तक अपना हुनर सिखाने पहुँचते रहते हैं। ये पात्र गुरु-चेला, सेठ-सेठानी, समधी-समधन, कर्जदार-साहूकार, आफीसर-किसान, देवर-भौजाई, मित्र-मित्र आदि रूपों में अवतरित होते हैं। इनके नामकरण भी विचित्र होते हैं। जैसे—धतूरा खान, रमतूला, रफल्ला कारतूस आदि। स्वाँग के चरित्र अधिकतर समाज के दलित वर्ग से सम्बन्धित रहते हैं। लुहार, सुनार, कोखार, राजा, चरवाहा, हलवाहा, नौकरानी, गुबरारी जैसे पात्रों के साथ ही पंडित, साधु, सेठ, राजा, अधिकारी आदि की भूमिका ये दलित वर्ग के लोग ही निबाहते हैं। सम्भवतः स्वाँग के प्रति उच्चभ्रू वर्ग में आदर का भाव नहीं रहा। स्वाँग को यह वर्ग वितृष्णा की दृष्टि से देखता रहा। अतः इस वर्ग में स्वाँग के पात्रों का आना सम्भव नहीं हुआ।

स्वाँग के लिए मंच सज्जा की आवश्यकता नहीं होती है। परदे, तखत आदि की

भी जरूरत नहीं पड़ती—नृत्य के साथ ही जमीन पर इसको समूह के गोल में सम्पन्न किया जाता है। एक तरह से यह भीड़ के मध्य ही उसका एक हिस्सा बनकर आयोजित होता है। भीड़ के लोग भी स्वाँग के पात्रों से बीच में बोल-बतिया लेते हैं। पात्रों की वेशभूषा में भी देहाती उपष्करण ही प्रस्तुत होते हैं। कुर्ता, धोती, बंडी, मुरासा, टोपी, पैंट, कमीज, चड्ढी, पाजामा आदि पोशाक से पुरुष वर्ग का काम चल जाता है। स्त्री वर्ग के पात्रों के लिए जनाना धोती, घाघरा, चूनर, पोलका, सलवार आदि का प्रयोग होता है। स्त्री पात्र गहना भी पहनते हैं। लम्बे-लम्बे बालों का जूड़ा या चोटी भी बनाते हैं। चोली में उभार के लिए रुई का प्रयोग करते हैं। पाँवों में घुँघरू पहनते हैं। पुरुष पात्र अपने चरित्रानुसार वेश बना लेते हैं। जैसे बड़ी-बड़ी मूँछें लगाना, तोंद के लिए कुर्ता के नीचे तकिया लगाना या पुराने कपड़े ठूँस लेना। राजा आदि चरित्रों के अभिनय के लिए मुकुट आदि की जुगाड़ भी कर ली जाती है। तौलिया और गमछे का प्रयोग प्रायः कपड़े का सौंटा बनाने के लिए किया जाता है। कपड़े का सौंटा या गैंठा स्वाँग में अपनी महत्त्वपूर्ण भूमिका रखता है। मीठी मार के लिए इसका प्रयोग होता है। विवाह के स्वाँग में स्त्रियाँ प्रायः पुरुषों के परिधान पहनती हैं और पुरुषों जैसे हाव-भाव प्रदर्शित करती हैं। चश्मा, छड़ी, लाठी, पोथी, पतरी, खुरजी, पोटली आदि का प्रयोग भी प्रसंगानुसार किया जाता है। मेकअप के सामान में कोयला, गेरू, चूना, राख, रोली, गुलाब, छुई, खपड़े का जोगिया चूरन, भोडल, मुर्दा शंख, काजल, लिपिस्टिक, स्याही, फूल-पत्ती आदि से काम चल जाता है। राई के स्वाँग में मशालची की भूमिका भी महत्त्वपूर्ण होती है। अतः मशालची स्वाँग के लिए आवश्यक है। विवाह के स्वाँग में स्त्रियाँ प्रायः ऊमर (गूलर) की शाखाओं और बेलन का उपयोग करती हैं।

स्वाँग के संवाद हास्य की सृष्टि करनेवाले होते हैं। अतः द्विअर्थी भी रहते हैं। कभी-कभी भाषा में विरूपता भी आ जाती है। स्वाँग की भाषा भद्देपन तक भी पहुँच जाती है और संवाद अश्लील तक हो जाते हैं। भावावेश में कभी-कभी पात्र अश्लील गालियों का प्रयोग भी अपने संवादों में कर देते हैं। असल में स्वाँग अपने परिवेश से भाषा लेता है, ताकि उनकी सम्प्रेषणीयता बरकरार रहे। भाषागत कहावतों और मुहावरों का प्रयोग भी खूब होता है। कभी-कभी किसी विशेष मुहावरे को गढ़ भी लेते हैं और उसका बार-बार प्रयोग करते हैं। संवाद लाक्षणिक भी होते हैं। स्वाँग की कथा का मूल आधार प्रतीक होता है। अतः भाषा की प्रतीकात्मक शक्तियों का प्रयोग भी स्वाँगिए करते हैं। स्वाँग में गीतों का भी प्रयोग होता है। पात्र बीच-बीच में गायकी के माध्यम से संवाद बोलते हैं या फिर नाटक के समापन पर जब फलान्विति हो जाती है, तब उससे सम्बन्धित गीत का सामूहिक गायन होता है। राई के स्वाँगों की विषयवस्तु रात्रि के व्यतीत होने के साथ ही परिवर्तित होती रहती है। इसके प्रारम्भिक चरण के बाद अश्लील संवादों का क्रम आता है।

स्वाँग जनमानस से जुड़ी नाट्य विधा है। अतः जनसामान्य की बदलती मनःस्थितियों के साथ स्वाँग की कथावस्तु एवं उसकी प्रस्तुतियों में परिवर्तन होता रहता है। यह विधा

निरन्तर परिवर्तनशील विधा है। इसके कथानक में समयानुसार बदलाव आता रहता है। अंग्रेज और उनसे सम्बन्धित हाकिम-हुक्काम स्वाँग में आते रहे हैं। स्वतन्त्रता के बाद नेता, मन्त्री आदि को स्वाँग में समाहित कर लिया गया। लोकजन ने जहाँ अपने लिए दिक्कत अनुभव की है, वहाँ उसकी प्रतिक्रिया स्वाँग में व्यक्त होने लगती है। सिनेमा का प्रभाव, वेशभूषा में परिवर्तन, संवादों में अंग्रेजी शब्दों का आना इसी परिवर्तन के प्रतीक हैं। इधर आधुनिक युग की समस्याओं जैसे परिवार नियोजन आदि को लोक जीवन तक सम्प्रेषणीय बनाने के लिए भी स्वाँग का उपयोग किया जा रहा है। इस तरह के प्रयोग आवश्यक हैं किन्तु कहीं ऐसा न हो कि इस प्रयोगशीलता के कारण स्वाँग का मूल रूप ही लुप्त हो जाए।

लोक संस्कृति के सन्दर्भ में मूर्त और अमूर्त की दृष्टि

भोपाल में एक कार्यक्रम के दौरान विजयदान देथा से बातचीत चल रही थी। उन्होंने गुजरात की लोक कथाओं को केन्द्र बनाकर कुछ कथाएँ हिन्दी में लिखी हैं। और इससे बड़ा काम किया है—उन्होंने लोक कथाओं के संकलन का। बड़ी तादाद में उनके पास कच्छ की लोक कथाएँ संगृहीत हैं। हमारी बातचीत का सिलसिला कुछ इसी तरह चल निकला था कि क्या लोक कथाएँ रचनात्मकता की दृष्टि से इतनी सम्पन्न हैं कि उन्हें अनेक समयों में अनेक आशयों के लिए प्रायोजित किया जा सकता है। विजयदान देथा ने तब कहा था कि लोक कथाएँ क्या समग्र लोक संस्कृति में यह शक्ति है—क्योंकि उनकी रचनात्मकता में प्रतीकों का प्रयोग है। वे एब्सट्रेक्ट फार्म में संगुंफित हैं—एक सामूहिक स्वप्न की तरह। मूर्त्त की व्यापक अमूर्त्त संकल्पना ने विचार और भाव को रचा-बसा दिया है लोक कथाओं में...। वियजदान देथा की बात से लोक संस्कृति के अमूर्तन प्रधान स्वभाव की बात खुलती नजर आती है—और यह भी स्पष्ट हो जाता है कि इस समय हमारे समकालीन जीवन की जटिलता को व्यक्त करने के लिए प्रत्येक कला माध्यम लोक संस्कृति की इसी अमूर्तता का आधार लेकर उसे अधिक ग्राह्य और अधिक संवेद्य बना रहे हैं।

लोक संस्कृति आदिम मानव से लेकर ग्राम्य जीवन की सामूहिक सौन्दर्यमूलक अभिक्रियाओं की सहजात अभिव्यक्ति है। आदिम मनुष्य ने जिस क्षण निजानन्द को सामूहिक आनन्द से संयुक्त करके अपने और प्रकृति के अभेद का व्यापक अनुभव स्वयं के सृजनमूलक कार्यव्यापारों में उद्घाटित किया होगा—उस क्षण ही लोक संस्कृति की अवधारणा का सूत्रपात हुआ होगा। समिष्टिगत सौन्दर्यपरक जिज्ञासाओं के समाधान का प्रयास वैयक्तिक सत्ताओं के तिरोहण में हुआ है। धुर आदिम चेतना में निहित सांस्कृतिक सरोकार व्यक्तिसत्ता के स्वप्नलोक की उत्तेजनाओं से निःसृत न होकर समिष्टि चेतना के मिथकीय सन्दर्भों से आकृतिवान हुए हैं—इसलिए उनमें अनेकायामी अनुभवों का रूपायन एक फैंटेसी की तरह प्रकट होता है। एक ही सांस्कृतिक आयाम की विभिन्न पात्रों में अनेक व्यक्तियों की रचनात्मक शक्तियों का आन्तरिक दबाव, समूह का सत्य बनता गया है। यह हजारों वर्षों की लम्बी रचना-यात्रा का परिणाम रहा है।

लोक संस्कृति में चूँकि निरन्तर प्रयोग की जीवन्त प्रक्रिया सन्निहित रही है—अतः

वह अपने सांस्कृतिक आयामों में परम्परा-विच्छिन्नता के अन्तरालों से खंडित नहीं हुई है। यह एक अलग बात है कि लोक संस्कृति के आदिम प्रवाह के प्रतीक तीर्थ हमारी दृष्टि से ओझल होते गए हैं। यही कारण है कि ट्रायब के पूर्व की सांस्कृतिक धारणाओं को अन्वेषित करने के लिए हमारे पास कोई कारगर प्रमाण और औजार नहीं है। ट्रायब से ग्राम्य-चेतना के विकास का इतिहास तो कुछ-कुछ हमें प्राप्त हो जाता है और इसी के बल पर हम लोक संस्कृति की विकास-यात्रा में सम्पन्न प्रयोगों का अन्दाज लगा सकते हैं। ट्रायब चेतना में लोक-विश्वास, टेबूज, टोटम और शिकार घटनाओं का सामूहिक प्रत्याख्यान है। इस समय मनुष्य के इंद्रियसंवेद्य संसार का कौतूहलपूर्ण साक्षात्कार प्रकृति सत्ता के अलौकिकीकरण में हो रहा था—एक उत्सवी भावना के अन्तर्गत। दूसरी ओर वह अपनी आन्तरिक तलाश एक रहस्यात्मक अनुभव लोक में कर रहा था। इन दृष्टियों को मिलाकर वह अपना सांस्कृतिक परिवेश रच रहा था।

इस परिवेश में विवेक का प्रकाश झिलमिल हो रहा था—अन्यथा यह कल्पना की अनेक छबियों से परिपूर्ण परिवेश था, एक तरह से आदिम संस्कृति की संरचना में मनुष्य की कल्पनाशीलता अधिक सक्रिय रही है। एक बच्चे की स्वप्नशीलता का सामूहिक अनुभव लोक आदिम मनुष्य की कलाचेष्टाओं और सांस्कृतिक अनुचेष्टाओं का आधार रहा है। चूँकि यह अनुभव एक साझी रचनात्मकता का आविष्कार बनता गया, इसलिए इसका रूपायन अमूर्त्त के अभिकल्पन में ही अधिक रहा है। चीजों के आकार गड्डमड्ड होते गए और अमूर्तन की प्रक्रिया के अन्तर्गत प्रतीकात्मकता को महत्त्वपूर्ण स्थान प्राप्त होता गया। विभिन्न सांस्कृतिक उपादानों में अमूर्तन की यह प्रक्रिया अलग-अलग तरह से चलती रही है। टोटेम में जो अनगढ़ मूर्तिरचना है—लकड़ी, पत्थर या सुतली आदि के प्रयोग से जो प्रतीक चिह्न रचे गए—इनके भीतर आदिम व्यक्ति की कल्पना में वस्तुओं के सरलीकृत रूप से आवर्त्त-विवर्त्त ही प्रतीकवत् प्रकट हुए हैं। मृतकों की क्रब पर बनाए गए लकड़ी के आकार में या पत्थर के चीरा में या मिट्टी के लौंदों में जो एक आत्मतत्त्व की कल्पना की गई है—वह देह से परे तत्त्व है—जो देह की स्थूल सीमा को त्यागकर कल्पना के सूक्ष्म जगत् में एक प्रतीक मात्र रह जाता है। यह प्रवृत्ति मध्यकालीन लोक कला में भी विद्यमान है। सती के चीरा पर उकेरी गई नारी-पुरुष मूर्तियों की संरचनाएँ इसी क्रम को दर्शाती हैं। सती के चीराओं में सूर्य और चन्द्र का अंकन इस लोक की स्थूल सीमाओं को दर्शानेवाला अमूर्त आयाम है।

आदिम व्यक्ति के मन में देव कल्पना की अभिव्यक्ति प्रतीक रूप में ही प्रकट हुई है। अनेक समूहों में अनेक कालों के अनुसन्धानों की अद्‌भुत कल्पनाएँ देव और राक्षसों के रूप में मूर्त्त होती रही हैं। विस्मय और चमत्कार से मनोजगत में उठनेवाले कल्पना विस्तार ने अनेक सिर, अनेक बाहु और अनेक मिश्र आकृतियों का उदय किया। भावनाओं का यह संमूर्तन भी एक तरह की प्रतीकात्मकता ही थी। प्रागैतिहासिक सांस्कृतिक अनुषंगों में रूप की कल्पना को स्थूल की बारीकियों में ढालने की क्षमता नहीं थी। चित्रकला के माध्यम में यह बात परिलक्षित होती है। प्रागैतिहासिक चित्रकला

के नमूनों में मात्र रेखांकनों के सहज माध्यम से आकृतियाँ बनाई गई हैं। अधिकतर त्रिकोण वृत्त और परस्पर काटती सरल रेखाएँ ही चित्रों को रूपायित करनेवाली हैं। इन रेखाओं में लय, गति और कार्य व्यापारों को समाहित कर लिया गया है। यह प्रवृत्ति कुछ अंशों में गोदनों में भी परिलक्षित होती है। चित्रकला की यह प्रतीक शैली बहुत दिनों तक परम्परा में रही है। फिर जब ट्रायब विलेज में बदलने लगा—आदिम मन ग्रामीण चेतना को ग्रहण करने लगा—तब उसमें सोचने की ताकत का विस्तार हुआ—कल्पना के क्षेत्र में भी इजाफा हुआ। यह सब इसलिए कि उसके उपभोग का संसार बढ़ा। चीजें बढ़ीं। खेती के लिए औजार बढ़े। फसलें बढ़ीं। त्यौहार और उत्सव बढ़े। रिचुअल्स की एक दुनिया बनने लगी। नृत्य, गायन, नाटक, पूजा-अर्चना के साथ आध्यात्मिक चेतना का मिथकीय घटाटोप भी बढ़ा। रहस्यमयी जिज्ञासाओं से भरा दार्शनिक वितान भी तनता गया। इस परिवर्तित जीवन शैली ने समाज की संरचना में मूलभूत परिवर्तन किए। श्रम के क्षेत्र विभाजित हुए और श्रम की सार्थक फलान्विति ने मनुष्य को विकास के नए आयाम प्रदान किए। इस विस्तार ने उसे अमूर्त से मूर्त की ओर जाने की दृष्टि प्रदान की।

लोक संस्कृति में ग्रामीण समाज की संरचना ने व्यापक पविर्तन किए। एक तरह से संस्कृति के समग्र स्वरूप में शास्त्रीय धारणाओं का प्रवेश हो गया। कला माध्यमों में और कर्मकांड में नियमों, विधि-विधानों का सूत्रपात इसी समय से हुआ। एक और महत्त्वपूर्ण बात यह हुई कि सामाजिक जीवन के स्थायित्व एवं कर्मविभाजन ने मनुष्य और प्रकृति के निर्द्वन्द्व रिश्तों को स्थानापन्न करना शुरू कर दिया। कृषि, गौरक्षण और अन्य कर्मक्षेत्रों में एतद् विषयक उपलब्धियों का आनन्द उत्सव के रूप में प्रकट हुआ। बाद में धर्मतन्त्र के विकास ने लोक संस्कृति को धार्मिक अभिप्रायों से परिपूर्ण कर दिया और लोक संस्कृति के क्षेत्र में शास्त्रीय पद्धतियों का समावेश हो गया। लोक संस्कृति में मूर्त की संरचना को बारीकियों से न केवल परखा गया अपितु उसको रूपायित भी किया गया। शिल्प, पिंगल और कर्मकांड के शास्त्र रचे जाने लगे। यज्ञीय आकृतियों में ज्यामितीय सत्य स्थापित होने लगे। मूर्ति के आकार, आयतन और आंगिक विन्यास की नाप-जोख होने लगी। चित्र-रचना में भी आकृतिमूलक स्पष्टताएँ प्रकट होने लगीं। काव्य और गायन में लम्बे-लम्बे छन्दों और स्थायी बन्दिशों का प्रावधान होने लगा। महाकाव्य और गीतिपरक शैलियों का विकास हुआ। नायक-नायिकाओं का स्वरूप-सन्धान हुआ। इस तरह कल्पना के साथ बुद्धि के संयोग ने एक नया सांस्कृतिक अनुभव प्रस्तुत किया। प्राक्युगीन प्रतीकों में अन्तर्भुक्त अनुभवों को विभिन्न कथा माध्यमों और काव्य शैलियों और चित्रवीथियों में विस्तारित किया जाने लगा। प्रतीकों की रचना निरन्तर चलती रहती है—क्योंकि प्रतीक सम्प्रेषण के सबसे सशक्त माध्यम होते हैं। वे अमूर्त को अभिव्यक्त करने की भी क्षमता धारण करते हैं।

आज भी लोक संस्कृति में शास्त्रीयता का अभाव उन अंचलों में है जहाँ आदिवासी जीवन पद्धतियों की एकांगिकता हजारों वर्षों से ज्यों-की-त्यों है। वहाँ वस्तुओं

का संसार अमूर्त में प्रकट होता है। प्रकृति उनकी अमूर्त रचना सृष्टि का सबसे बड़ा उत्स है। प्रसिद्ध चित्रकार विष्णु चिंचालकर ने एक साक्षात्कार में इस सत्य की ओर संकेत किया है–"उनके परिवेश में जो भी है कुछ है–बहुत सी चीजें ऐसी अगर वो उनको गौर से देखें तो उनके आसपास प्रकृति इतनी फैली हुई है कि उस प्रकृति में तो कई चीजें हो सकती हैं। कई अनुभव हो सकते हैं। कई आकार मिल सकते हैं तो उनको लेकर अगर रूप का कुछ भान हो जाए–समझे कुछ।"

आदिवासी क्षेत्र के लोक कलाकारों में अमूर्तन की संरचना में सूक्ष्मता, घनिष्ठता एवं संश्लिष्टता का बहुआयामी संसार प्राप्त होता है। एक ही चित्र चौखटे में जंगल, घर, आदमी, पशु-पक्षी अपनी समग्र सक्रियता में उपस्थित रहते हैं। झाबुआ के लोक चित्रकार के यहाँ साँप, बिच्छू, सूर्य, चन्द्र, ताड़ पर आदमी ताड़ी पिलाता हुआ, मधुमक्खी का छत्ता, शहद, खजूर का पेड़ आदि सब एक साथ हैं। चित्रकार ने इस चित्र में हाशिया भी बनाया है। जब उस चित्रकार से पूछा गया कि यह हाशिया क्या है ? तब उसका उत्तर था–"हाशिया घर है–घर में सब है।" निश्चित ही यह बहुत सारे मूर्त संसार को अमूर्त में अभिव्यक्त करने का तरीका है। मन में जो एक बहुत विस्तृत और खंडित संसार है, उसे अमूर्तन के माध्यम से ही, एक अन्वितिपूर्ण प्रभावी रचनात्मक दबाव के उत्क्राम में ही व्यक्त किया जा सकता है। अमूर्तन का इस्तेमाल बोध की व्यापकता के लिए भी किया जाता है। मूर्त में सीमाएँ तय हो जाती हैं और उनका अनुभव लोक भी लगभग एक ही आस्वाद की भूमिका में जीवित रहता है। अमूर्त देशकाल को अतिक्रमित करके समूह अनुभव के बहुस्तरीय आस्वाद का कारण बनता है। यही कारण है कि उसकी मिथकीय चेतना अनेक युगों तक विभिन्न तरह की रचनात्मकता के लिए स्रोत संसाधन प्रदान करती है।

शास्त्रीयता में भी अमूर्तन को अवकाश रहता है। किन्तु अमूर्तन की प्रक्रिया शास्त्रीयता में प्रायः लयाघातों, बलाघातों और अन्तकारों की सहज अभिव्यक्ति के मध्य उपस्थित होती है। शास्त्रीयता यद्यपि लोक से अलग होने की पहचान कायम करती है तथापि लोक से ही वह निष्पन्न होती है। किसी भी संस्कृति में जब शास्त्रीयता का चक्र प्रवर्तित होता है तब फिर वह लोक संस्कृति नहीं रह जाती। इस शास्त्रीयता में जब स्पन्दनहीनता और एकान्तिकता आने लगती है–तब लोक संस्कृति की अमूर्त संरचनाएँ इसमें अपनी भागीदारी करती हैं। और फिर इसे जीवन्त तथा बहुआयामी आधार प्रदान करती हैं। बालगन्धर्व का गायन यदि मात्र परम्परिक शास्त्रीय ढर्रे पर चलता तो वे इतना चमत्कृत और प्रभावित न कर पाते। उन्होंने लोक की अमूर्तता को जब अपनी शास्त्रीयता में निबद्ध किया तब उनका गायन भाव-संसार की गहराई को स्पर्श करने लगा। काव्य में जहाँ-जहाँ कवियों ने लोक प्रकृति की अमूर्त संयोजना को अपनी काव्य प्रणाली का अन्तरंग बनाया है–वहाँ-वहाँ उनका विजन व्यापक हुआ है और वे अनेकार्थी शब्द की रचना में सक्षम भी हुए हैं। अपने समय में केदारनाथ सिंह और शमशेर को जहाँ भी अमूर्त को सम्प्रेष्य बनाने के लिए मूर्त का प्रयोग करना पड़ा है–वहाँ वे लोक

प्रकृति के ही रंग-रोगन और बेठौस आकृतियाँ ग्रहण करते हैं।

लोक चित्र शैलियों में तो अमूर्त का अंकन ही उनकी तरोताजगी का आधार है। मधुबनी लोक शैली में वस्तुओं के आकारों का निरूपण यद्यपि प्रत्येक लोक कलाकार अपनी भावना और कल्पना के अनुरूप ही करता है किन्तु उसमें एक अमूर्त सिम्फनी अपने परवर्ती या सहवर्ती कलाकार से निरन्तर सधी रहती है, लेकिन व्यक्तिगत कल्पना की अमूर्तता उसे वह डिस्टार्शन देती है जो आधुनिक पश्चिमी कला से मेल खाता है। फ्रांसीसी कलाकार पाब्लो पिकासो तथा ब्राक ने जो घनवाद (क्यूबिज्म) प्रस्तुत किया था, उसके कई रूप मिथिला तथा मधुबनी लोक कला में पहले से विद्यमान थे। लोक कलाओं में एब्स्ट्रेक्ट का अपना सौन्दर्य है—अपना सम्प्रेषण है। इसलिए कहीं-कहीं उनमें न्यूड भावनाएँ भी हैं, किन्तु उनसे अश्लीलता का बोध नहीं होता। विवाह के अवसरों पर प्रस्तुत किए जानेवाले लोक गीतों और लोक नृत्यों में यौन-बिम्बों की उत्तेजकता निहित है किन्तु इनके भाव-प्रतीकों से भावना परिष्कार ही होता है। लोक संस्कृति ने सामूहिकता के समन्वय सूत्रों की तलाश निश्चित रूप से अमूर्त संवेदनों की सूक्ष्माभिव्यक्तियों के तानों-बानों में ही की है।

लोक संस्कृति ने प्रायः अपने आध्यात्मिक और दार्शनिक चिन्तन को अमूर्त के माध्यम से व्यक्त किया है। सूक्ष्म आध्यात्मिक तत्त्वों और सूक्ष्म ऐन्द्रिक संवेदनों को अमूर्त सन्दर्भ में प्रकट करने का तरीका लोक संस्कृति के पास लगभग एक जैसा ही है। अमूर्त को मूर्त की तरह अभिव्यक्त करने के लिए प्रायः लोक ने अपने आसपास की चीजों से ही अपना काम चलाया है। इसके लिए उसने प्रकृति-पदार्थ, घरेलू सामग्री, दैनन्दिन क्रियाएँ और कहीं-कहीं मात्र शब्द को ही अपनी अभिव्यक्ति का उपादान बनाया है। निश्चित ही लोक संस्कृति के पास मूर्त और अमूर्त दोनों विधानों के लिए एक कलात्मक दृष्टि है। इन दोनों प्रक्रियाओं में उसकी रचनात्मकता की ऐहिक और पारलौकिक सिद्धियों का समन्वय है।

हस्तक्षेप

आधुनिकता और लोक संस्कृति की प्रासंगिकता

आधुनिकता निरन्तर विकास की एक जीवन्त प्रक्रिया है। यह हमारे बोध और व्यवहार में अभिव्यक्त होनेवाली एक जीवन प्रणाली है, जो परम्परा के विरुद्ध होते हुए भी परम्परा से ऊष्मित स्वयं परम्परा बन जाने के लिए विवश रहती है। मनुष्य अपने दिक्-काल में आबद्ध समकालीनता की जिस पहचान को कायम करता है, उसमें आधुनिकता के लाक्षणिक स्वरूप का सन्धान होता है। यह शाश्वत सिलसिले के रूप में अपनी संस्कारगत उपलब्धियों के अक्षय और विकासमान जीवन-सन्दर्भों की शक्तिशाली अवधारणा है। आधुनिकता ने हमारे जीवन में एक ओर अन्दरूनी तौर पर व्यापक परिवर्तन किए हैं तो दूसरी ओर बाह्य आचरण में भी उसकी उपस्थिति है।

आधुनिक जीवन मूल्यों की परिभाषा किए बगैर हम उस प्रक्रिया का उल्लेख करना अधिक उचित समझते हैं जिससे ये स्थूल ऐतिहासिकता से मुक्त समकालीन चेतना के अंग बनते हैं। विज्ञान के बढ़ते दबाव और अन्वेषणों की रफ्तार ने यथार्थ की पुष्टि में जो प्रमाण और प्रयोग किए हैं, वे हमारे जीवन के अनिवार्य अंग बनते जा रहे हैं। इस शताब्दी के आदमी ने अपने पूर्वजों से प्राप्त अनेक सम्भ्रमों को खारिज किया है। अनेक क्षेत्रों में मोह-भंग की स्थिति कायम हुई है। आदमी पश्चिमीकरण के अन्धाधुन्ध अनुकरण में फँसता गया और इसी को उसने आधुनिकता का प्रमाण मान लिया। पश्चिमी व्यक्ति की नियति हमारी नियति बिल्कुल नहीं बन सकती। उसके यहाँ के अमानवीयपूर्ण अजनबीपन से उत्पन्न जीवन विरोधी तत्त्व हमारे लिए प्रासंगिक नहीं हो सकते। हम अपनी ही जमीन से नए की तलाश करके आधुनिक बनने की कोशिश को इस सन्दर्भ में सही मानने को तैयार हैं। हमारा यथार्थ अनेक मायनों में पश्चिमी दुनिया के यथार्थ से एकदम भिन्न है। आधुनिक जीवन मूल्यों के साथ यदि पश्चिमीकरण की प्रवृत्तियों को जोड़कर मान्यता देते रहेंगे, तो हमारी आधुनिकता का मूल्य ही कुछ नहीं रहेगा। आधुनिकता इसलिए दिक्-काल में बँधी एक शाश्वत मानवीय क्रिया है। आधुनिकता को स्थायी मूल्य मानना उसे परम्परा से बाँध देना है। यद्यपि हर युग की आधुनिकता का यही हश्र हुआ है। आधुनिकता इसी रूप में सतत विरोध को स्वीकार कर चलती है। पुरानेपन का विरोध, यथा-स्थिति का विरोध। खंडित स्वीकारों में जीकर ही वह जीवनगत परिवर्तनों की भागीदार बनती है। भाव के स्थान पर विचार या बुद्धि की प्रतिष्ठा ने अनेक जीवन-सन्दर्भों को अस्वीकृत पर अपनी यथार्थपरक मुद्रा से

समकालीन जीवन में एक व्यावहारिक और व्यावसायिक रवैया कायम किया है। यह रवैया अपनी सम्पूर्णता में कभी भी परम्परा से जुड़ा नहीं रह सकता। परम्परा को नए अर्थ देकर भले ही उसे हम प्रासंगिक बनाने की चेष्टा करते हैं, किन्तु आधुनिकता एक असंपूर्ण प्रक्रिया ही रहेगी।

आधुनिकता सतत परिवर्तनशील धारणा है। हम कलाओं के क्षेत्र से इस बात का उदाहरण ले सकते हैं, रोमानी भाव धारा लम्बे काल तक कलाओं के अस्तित्व से जुड़ी रही। यह रोमान क्लैसिक्स के विरोध में आया था, किन्तु जब इसी रोमान का विरोध यथार्थ करने लगा, तब निश्चय होने लगा कि यह एक अधूरी प्रक्रिया थी। अब यथार्थ से उकसाया आदमी फिर से रोमान की वापसी पर विचार कर रहा है। बहरहाल, आधुनिकता सदैव जीवन में परिवर्तनशील राशियों का उपयोग करती है। उसमें चलित ऊर्जा का अक्षय स्रोत होता है। चीजों को सही रूप में सही पहचान देने की कोशिश इस बीच इतनी अधिक की गई है कि चीजें पहचानहीन होकर गड्डमड्ड होने लगीं। यान्त्रिकता ने जीवन के आघूर्णन में जड़त्व को लाने में जो गहरी साजिश की है, उसमें गतिशीलता हमारे अपने निजी मूल्य ही ला सकते हैं। और जो जीवन की निजी शैली से फूटेंगे। जीवन की यह निजी शैली अपने सम्पूर्ण अर्थों में स्वीकृतियों से उपजेगी, और हमारी आधुनिकता निषेध से जन्म लेकर भी जीवन स्वीकार की प्रणाली प्रस्तुत करेगी। ऐसा इसलिए कि हमारी आधुनिकता छिन्नमूला नहीं हो सकती।

पतझर के बाद वृक्ष में कोंपलें आती हैं। ये कोंपलें वृक्ष को चिरनवीन रूप देती हैं। वृक्ष को काटकर समाप्त कर नया पाना हमारा अभीष्ट नहीं है। यही कारण है कि हम आधुनिकता की तलाश भी परम्परा से हटकर नहीं कर सकते। आधुनिकता परम्परा को क्रमबद्ध ढंग से आगे नहीं बढ़ाती, वरन् उसे कच्चा माल मानकर एक नया संगठन देती है। भारतीय जीवन में बहुत अरसे तक आधुनिकता सीधे हवाई यात्रा करके आती रही, इसीलिए वह हमारे जीवन से बेमेल एक अलग पहचान देती है। जिन आधुनिक जीवन-मूल्यों को हम तरजीह देते रहे, वे कहीं अन्यत्र के थे इसलिए हमारी परम्परा के सत्व को वे न अपनी जीवनी शक्ति बना सके और न ही हमारी परम्पराएँ उन्हें कच्चा माल दे सकीं। इसका परिणाम यह हुआ कि हमारी स्थिति त्रिशंकु से भिन्न नहीं रही। कला-अभिरुचियों में, रहन-सहन में सब जगह कुछ ओढ़ा-ओढ़ा सा उबाऊ और लादा-लादा सा लगने लगा। जीवनाभिव्यक्ति का लहजा कुछ इस तरह जटिल हुआ कि सामान्यतः इसमें रमना और रसना आम जन के बलबूते की बात नहीं रही। कला के संसार में यह और अधिक सूक्ष्म और जटिल होता गया। अमूर्तता, एब्सर्डिटी तथा नकली नए प्रतीकों की खोज ने कलाओं को जनजीवन से दूर करने की कोशिश की। परिणाम यही हुआ कि हमारी आधुनिकता कुछ ही जनों की आधुनिकता बनकर रह गई, एक बहुत बड़ा समूह इस आधुनिकता में शरीक नहीं हो सका। इस प्रक्रिया का प्रभाव यह हुआ कि अपनी परम्पराओं को हेय और गलत दृष्टि से देखा जाने लगा। गाँवों तक में यह आधुनिक दृष्टि ट्रांजिस्टर, टेपरिकॉर्डर, सिनेमा प्रचार आदि के माध्यम से पहुँचकर

वहाँ के जीवन से जुड़ गई और बजाय सम्यक् विकास के विकृतियाँ जन्मने लगीं। हमारे जीवन में आधुनिकता अधकचरे कृत्रिम और अवैज्ञानिक ढंग से आई है। इसलिए हमें अपनी आधुनिकता पर अनेक प्रसंगों में विचार करना पड़ रहा है। अन्यथा इस तरह की सतत प्रक्रिया पर सोचने की बहुत अधिक जरूरत न रहती।

हमारा रागमय संसार अनेक तरह से इस कर्दमी आधुनिकता से आहत हुआ है और आज हमें यह सोचना पड़ रहा है कि हमारी आधुनिकता हमारे बीच से ही उपजी होनी चाहिए, तभी उसकी प्रासंगिकता समझी जा सकेगी, तभी उसमें जीवन-विकास की सम्भावनाओं को सही परिप्रेक्ष्य में ग्रहण किया जाएगा। हमारे लिए ब्रेख्त उतने प्रसंगवान् नहीं हो सकते जितने शूद्रक या हमारी नौटंकी, रास, माच या नाचा। इस तथ्य से हमारा चिन्तन और हमारा कल्पक परिचित होने लगा है और एक बहुत बड़े खतरे को उसने पहचान लिया है। इसलिए आधुनिक नाटकों में इधर जो लोक-तत्त्व व्यापक रूप में बिल्कुल नए ढंग से आ रहे हैं, जिस अर्थवत्ता से वे प्रभविष्णु हो रहे, वह हमारे काम की चीज है। एक भारतीय नाट्य समीक्षक ने इस बात को बहुत बल देकर कहा है कि "पश्चिमी रंगमंच के साथ लगभग सौ वर्षों का संगम न तो कोई उल्लेखनीय पहले दर्जे का नाटक पैदा कर सका था और न प्रदर्शन में अपनी अलग पहचान। दूसरे-तीसरे दर्जे की घटिया नकल से आगे हमारा रंग-कर्म न बढ़ पाया था, दूसरे स्वयं पश्चिमी रंग जगत् को यथार्थवादी दृष्टि से एक अंधी गली में पहुँचा दिया था और वहाँ उसके विरुद्ध अनेक स्तरों पर विविध रूपों में व्यापक विद्रोह हो रहा था। अप्रत्याशित और अचरज की बात यह थी कि अपने देश की जिस नाट्य परम्परा को स्वयं हमने पिछड़ी हुई गँवारू और अनाटकीय कहकर ठुकरा दिया था या हिकारत से देखने लगे थे, उनमें पश्चिम के अनेक प्रतिभावान् रंगकर्मियों को अपने रंगमंच के संकट के हल के लिए कुछ उपयोगी सूत्र नजर आ रहे थे। वे आगे इसी को स्पष्ट करते हुए लिखते हैं—"बात यह है कि ऐसा किसी प्रकार के भारतीयतावादी या पुनरुद्धारवादी कारणों से नहीं बल्कि आधुनिक जीवन के बुद्धिसंगत पुनर्गठन के लिए जरूरी है। हमारे लिए आधुनिकता पश्चिमीकरण में नहीं, अपनी परम्परा को समकालीन जरूरतों के सन्दर्भ में ढालने-बदलने और जीवन्त करने में ही हो सकती है। बात नाटक की कही गई है, लेकिन हमारे समग्र जीवन की समकालीन अभिव्यक्ति के लिए यह बात मुनासिब हो सकती है। हम आधुनिक जीवन-मूल्यों की पड़ताल इस सोच के बगैर नहीं कर सकते। हमारे चारों ओर जिस खालीपन का अहसास हो रहा है—वह आधुनिकता को बहुत ऊपरी तौर पर ग्रहण करने के कारण उत्पन्न स्थिति है। यह स्थिति हमारे लिए सुखकर नहीं है।

हमारे पास जो समृद्ध परम्पराएँ हैं, उनका सही उपयोग करने के लिए उनकी प्रतीकात्मकता के विभिन्न अर्थ अनुबन्धों को खोजना जरूरी है। प्रयोगों के लिए जितनी सामर्थ्य हमारी संस्कृति के विभिन्न आयामों में है, उतना शायद ही अन्य देशों में मिले। हमारे रिचुअल्स, हमारी कविता, हमारी जीवन दृष्टि चिरनवीनता में ही जीवित है। पुराण मित्येव न साधु सर्व एक ऐसी उद्घोषणा है जिसमें बँधना कहीं भी किसी भी स्तर पर

स्वीकार नहीं है। इसी अनबँधेपन के कारण हमारी मनीषा गतिशील है। परम्पराओं को नवीन आवश्यकताओं के रूप में आविष्कृत कर हम अपनी रचनात्मकता को व्यापक तथा लोक संस्कृति का पुनराभिकल्पन कर आधुनिकता को समृद्ध बना सकते हैं। इसमें अनेक दिक्कतें भी हैं, हम ड्राइंगरूम में आदिवासियों को धनुष-बाण लिए या धान की बालियों के झूमर रखने लगे हैं। आदिम कला चेतना के अनुबन्धों से ताजापन प्राप्त किया जा रहा है। संगीत और नृत्य में भी लोक और शास्त्र को लौटाने की प्रक्रिया तेज हुई। नगरों के अभिजात में लोक-संस्कृति को महत्त्वपूर्ण स्थान दिया जाने लगा है। लोकोत्सवों तक के आयोजन होने लगे हैं। अपने अतीत की ओर लौटना वर्तमान में अपनी सुरक्षा और गौरव की तलाश का आधार बन सकता है। किन्तु अभी तक यह आश्वस्ति प्राप्त नहीं हो सकी कि हमारा यह लौटना फैशन से हटकर हमारी चेतना के सातत्य का प्रभाग दे सकेगा। खारिज होती हुई नैतिकता तथा आस्थाहीन धर्मदृष्टि के समापन से उत्पन्न शून्य को लोक संस्कृति के असल मानवीय मूल्य ही भर सकते हैं। क्योंकि इन मूल्यों के उद्गम स्रोत मनुष्य और प्रकृति की साझेदारी में खोजे जा सकते हैं। प्रकृति के साथ मनुष्य ने अपने सरोकारों को स्थापित किया था—उनसे ही मानवीय सीमाएँ व्यापक बनी थीं। हमारे पूर्वजों के गीतों, नृत्यों, धार्मिक आयोजनों और संस्कार-समारोहों में प्रकृति अनुपस्थित नहीं रह सकती थी। आज यदि हमें अपनी आधुनिकता में भी अपने मनुष्य की तलाश करना है तो लोक संस्कृति के चिरनवीन अवदान को अपनी आवश्यकता का अंग बनाना पड़ेगा। लोक संस्कृति का शोषण हमारा लक्ष्य नहीं होना चाहिए। जबकि अभी तक यही होता रहा है। हमारी जातीय चेतना के साथ अतिसूक्ष्म धरातलों पर ही अब लोक संस्कृति की अभिव्यक्ति सम्भव और प्रासंगिक है। हमारा दायित्व इस तरह दोहरा हो जाता है—एक ओर लोक संस्कृति का सही उपयोग तो दूसरी ओर उसकी सुरक्षा। इन दोनों के प्रति सतर्क और सावधान रहकर ही हम लोक संस्कृति को आधुनिक जीवन मूल्यों के सन्दर्भ में परख सकते हैं और उसे उपयोगी बना सकते हैं। लोक संस्कृति को विकृत कर प्रयोगों और प्रदर्शनों के नाम पर उसका गलत उपयोग कदापि नहीं होना चाहिए।

लोक साहित्य और क्षेत्रीयतावाद

क्षेत्रीयता एक सीमित बोध है। लोक एक अनवरत गत्यात्मक व्यापक जीवन-चेतना है। लोक की समग्रता में भारतीयता की पहचान निहित है। यहाँ तक कि भारतीय अस्मिता का पर्याय भी लोक है। अपनी लोक-संपृक्ति के कारण ही भारतीय जीवन की असलता का नैरन्तर्य अनेक सांस्कृतिक हमलों के मध्य भी जीवित रह सका है। विश्व के अनेक हिस्सों से विभिन्न उद्‌देश्य प्रेरित अनेक जन-शक्तियाँ अनेक सांस्कृतिक प्रवाहों के साथ इस देश में समुपस्थित हुई हैं। उनके उर्मि-आवर्तों में हमारी सांस्कृतिक चेतना के तीर्थ बिलुलित और सैकत धूसर होते रहे हैं, किन्तु अपने मूल चेतना-उत्स की अजस्र शक्ति के कारण भारतीय संस्कृति न तो तिरोहित हुई और न ही आमूलचूल परिवर्तित ही हुई। लोक-चेतना ही भारतीय संस्कृति का मूल उत्स रही है। लोक के ऊपर जो भी रंग-रोगन आलेपित हुआ—वह अपनी भारतीय आभा में ही परिवर्तित हो गया। लोक अपनी तरो-ताजगी में परिवर्तन के अनेक आयाम समेटने में पूर्ण सक्षम होता है। वह अपनी आन्तरिक प्रक्रियाओं में उपजे प्रभावों को अपने अनुकूल आविष्कृत कर लेता है। यही कारण है कि भारतीय लोक की गत्वरता उसे देश-विदेश, हर जगह अपनी निजी पहचान को क्षरित होने से बचाती रही है। मारिसस, फिजी आदि देशों में यहाँ का गिरमिटिया मजूदर गया और उसने अपनी लोक-ताकत के बलबूते पर ही अपनी इयत्ता को निस्तारित किया। भारतीयता को प्रमाणित किया। बोली-बानी, तीज-त्यौहार, आयोजन-अनुष्ठान, गीत-गुहार न जाने कितने अनुषंगों में भारतीयता को अक्षुण्ण रखने में लोक की ऊर्णन शक्तियाँ ही क्रियाशील रही हैं। भारतीय लोक अपनी समग्रता में ही अपने स्वत्व को संरक्षित कर पाया है।

अंग्रेजों की औपनिवेशिक गतिविधियों ने पहली बार भारतीय लोक को क्षेत्रधर्मी बनाया। औपनिवेशिक शक्तियाँ अपने स्थायित्व एवं अपने महत्त्व को सुरक्षित रखने के लिए विखंडनकारी युक्तियों का इस्तेमाल करती हैं। उनकी भितरघात अनेक स्तरों पर अपने उपनिवेश देशों को चूर्णीकृत करने का एक कारगर हथियार बनती है। हजारों वर्षों से भारत का लोक एक इकाई था, उसमें सूची भेदन की भी गुंजाइश नहीं थी। इस एकता को सुदृढ़ बनाने में भक्ति के अतल और अछोर प्रवाह ने अपनी महत्त्वपूर्ण भूमिका अर्पित की थी। बंगाल, उड़ीसा, गुजरात यहाँ तक कि धुर दक्खिन का आम आदमी, वृन्दावन, काशी, अयोध्या और उत्तराखंड में अपने को अन्वेषित करता रहा है।

ब्रजभाषा बंगाल में ब्रजबुलि बनकर पहुँच जाती है। महाराष्ट्र में बारकरी सम्प्रदाय और विट्ठल सम्प्रदाय अवधी और ब्रज के शब्दों का प्रयोग करते हैं। एकनाथ, तुकाराम और नामदेव आदि न जाने कितने सन्तों ने ब्रज में अपने उद्‌गार व्यक्त किए हैं। उत्तर भारत की बोलियाँ तब अपना स्वतन्त्र और प्रयोजन विशिष्ट आकार नहीं ले पाई थीं। इन सभी बोलियों में एक अन्तर्सम्बन्ध और अन्तःअनुशासन विद्यमान था। इनकी सम्प्रसारी शक्तियाँ एक-दूसरे से गले मिलकर आत्मीयता का अनुभवलोक निर्मित कर रही थीं। कबीर की भाषा में तमाम बोलियाँ बोलती हैं। बिहारी के दोहों में बोलियों के परदे हटाकर भाषा की समाहारी शक्ति को अभिव्यक्त किया गया है। छत्तीसगढ़ में बैठा लोक कवि ब्रज में कविता रचता था। बुन्देली का व्यक्ति रामलीला और कृष्णलीला में अपने होने को तलाशता था। तुलसी का मानस और सूर के पद मालवी, निमाड़ी और बघेली के लिए बिराने नहीं थे। गुरुनानक देव पंजाब में बोलियों की शक्ति का अनुभव कर रहे थे।

अंग्रेजों ने क्षेत्रीय विभाजन किया और बोलियों-भाषाओं की सरहदें खीचीं। स्वतन्त्रता के बाद ये सरहदें टूटनी थीं किन्तु वे और मजबूत हुईं। क्षेत्रीय अहंकार और उद्‌दंड हुआ। राजनीतिक महत्त्वाकांक्षाओं ने क्षेत्रीय क्षत्रपों को सहलाना प्रारम्भ किया और भाषावार राजनीतिक इकाइयों के विभाजन ने बोलीवार राजनीतिक इकाइयों की स्थापना के द्वार खोल दिए। आज अलग बुन्देलखंड और अलग छत्तीसगढ़ की माँग मुखर हो रही है। बोलियाँ राजनीतिक शक्तियों के संरक्षण में क्षेत्रीयतावाद की आधार बन गई हैं। बोलियों के इस तरह से नितान्त अपनी एकदेशीय पहचान ने उन्हें भाषा बनाने की कोशिशों को भी जन्म दिया है। हिन्दी की ये रक्त शिराएँ अपने स्वन्तत्र व्यक्तित्व के लिए हिम्मत जुटाने लगी हैं। बोलीगत क्षेत्रीयतावाद सामाजिक स्तर पर भी उभरकर आया है। नगरों-महानगरों में विभिन्न क्षेत्रों से पहुँचे लोगों की बसाहट बढ़ी है। उनके क्षेत्रगत सरोकार स्थापित हुए हैं। इस आधार पर उनके क्षेत्रगत संगठन बने हैं। समाजिक सुरक्षा और सामाजिक विकास के लिए यह प्रक्रिया आवश्यक मान ली गई और परिणाम यह हुआ कि प्रत्येक नगर में भोजपुरी समुदाय, बघेली समाज जैसे न जाने कितने सामाजिक संगठन निर्मित हो गए हैं। ये संगठन अपने-अपने आयोजन करते हैं। अपने-अपने अस्तित्व को रेखांकित करते हैं। क्षेत्रीयता के विभाजन ने लोक साहित्य की व्यापकता और उनकी सार्वजनीयता को अवरोधित किया है।

लोक साहित्य में अपनेपन का मिथ्या अभिमान कभी नहीं रहा है। उसने अपने-आपको समाज में इतना विलयित किया है कि रचनाकार भी अपने नाम की छाप लगाने में हिचकिचाते रहे हैं—और दो-चार सौ वर्ष पहले का जो लोक साहित्य प्राप्त होता है—वह अनाम रचनाकार द्वारा रचा गया है। उसमें रचनाकार के अभिमान का लेशमात्र भी अनुभव नहीं है। लोक साहित्य जाति-पाँति, समुदाय-सम्प्रदाय और भौगोलिक सीमाओं की जकड़बन्दी को सदैव तोड़ता रहा है। उसके अपने अनुभव लोक में पशु-पक्षी, चिरई-चिनगुन, पेड़-पौधे, नदी-नाले भी वृहत्तर मानव समुदाय के सक्रिय अंग

बनकर उपस्थित होते रहे हैं। लोमड़ी का विवाह होता है। सियार नेवता देता है। हिरण बाराती बनता है। लोक-साहित्य में चिड़ियाँ कन्या बनकर पंखों से घर को लीपती-पोतती, गेहूँ और चावल बीनती हैं। राजकुमार को विमाता मार देती है, और वह फूल बनकर तालाब में जन्म लेता है। लोक-साहित्य की यह अभेद दृष्टि जो स्थावर-जंगम में विभेद उत्पन्न नहीं करती, वह फिर क्षेत्रीयतावाद का पोषण कैसे कर सकती है ? लोक साहित्य का स्वप्न-लोक एक विराट ब्रह्मांडीय अनुभव चेतना है। जिसमें समस्त फेनोमेना अपनी विराटता के सागर को एक शब्द की लघु अंजुरी में उड़ेल देता है। लोक साहित्य वर्जनाओं का हनन करता है। मानवकृत उन वर्जनाओं का जिन्होंने मनुष्य को छोटा बनाया है। मनुष्य को पाप-बोध से जकड़ा है। मनुष्य को उसके असली स्वभाव से हटा कर उसे कृत्रिम जीवन जीने के लिए प्रेरित किया है। लोक-साहित्य में अभिव्यक्ति के स्तर पर यद्यपि अलगाव रहा है—यह अलगाव स्वाभाविक ही है। जलवायु, प्रकृति, भूगोल आदि ने छन्द संरचनाओं को भिन्नता दी है—संगीत को अलग-अलग राग-रागिनियाँ दी हैं किन्तु उसके आन्तरिक भाव-तन्तु इस देश की अछोर संस्कृति को भी गूँथते हैं। लोक-साहित्य का मानवीय अनुभव वैश्विक होता है। इसलिए उसमें क्षेत्रीयता केवल अभिव्यक्ति के स्तर पर ही खोजी जा सकती है किन्तु जब यह क्षेत्रीयता अनेक स्वार्थों और अहंकारों के कारण क्षेत्रीयतावाद में सिमट जाती है—तब लोक-साहित्य दमघोंटू वातावरण में कैद हो जाता है और उसकी रचनात्मक शक्तियों में क्षीणता आ जाती है। लोक-साहित्य के लिए क्षेत्रीयतावाद अनेक खतरे उत्पन्न कर रहा है।

क्षेत्रीयतावाद ने लोक-साहित्य को तिजारत की वस्तु बनाने में कोर-कसर नहीं रखी है। उपभोक्ता संस्कृति को क्षेत्रीयतावाद ने घोषित किया और लोक कवियों के सम्मेलन होने लगे। लोकगीतों की ललक गाँव की बहू-बेटियों में से नदारद हो गई। मुझे स्वयं आज से तीस-चालीस वर्ष पूर्व का वह जमाना याद है जब मेलों-ठेलों में गाँव की नई बहुएँ और किशोरियाँ गारियों की कितबिया तलाशती थीं। लोकगीत रचनेवाले स्वयं ही उनको दो-चार पैसों में बेचते थे। गाँव की स्त्रियों में लोकगीतों को सीखने और अड़ोस-पड़ोस से माँगकर उन्हें अपनी स्मृति में बसा लेने की ललक थी। तब लोकगीतों के सम्मेलन नहीं होते थे। लोकगीतों की स्पर्द्धाएँ नहीं होती थीं। तब लोकगीतों के प्रति लोक में अधिक व्यग्रता थी। उन्हें संग्रह करने की, उन्हें सीखने की उसके भीतर तीव्र आकांक्षा विद्यमान थी। आज लोकगीत गायक बिक रहे हैं। उनके आयोजन प्रायोजित किए जाते हैं। दुर्गापूजा मेलों-महोत्सवों में वे छाए रहते हैं। उसके कैसिट्स गली-गली बिक रहे हैं। एक नया व्यवसाय अस्तित्व में आया है। तथाकथित लोकगीतकार भी इस व्यवसाय में अपना लाभ अर्जित कर रहा है। बोलियों के विकास के लिए सरकार ने रेडियो स्टेशन प्रारम्भ किए। इन क्षेत्रीय आकाशवाणी केन्द्रों ने लोकगीतों को लीलना प्रारम्भ किया। पढ़े-लिखे नगर के गीतकार इस क्षेत्र में आए और देखते-देखते वे फरमाइशी हो गए। लोकगीतों के असल रंग और असल तेवर धुल-पुँछ गए। आकाशवाणी केन्द्रों ने जिन लोकगीत गायकों को उछाला वे सीधे बाजार में आ गिरे। उनके धड़ल्ले

से कैसिट्स बनने लगे। ये कैसिट्स दिन-रात भगतों-फागों-गारियों को उतारने लगे। परिणाम यह हुआ कि जो लोक के रंजन, प्रसादन और रक्षण के निमित्त बनते थे—वे लोक को प्रदूषित करने लगे। क्षेत्रीयतावाद को इन व्यावसायिक प्रवृत्तियों ने इस कदर बढ़ावा दिया कि छत्तीसगढ़ का आदमी बुन्देली के लोकगीत से कन्नी काटने लगा। लोकगीतों की जो स्थानान्तरणचारिणी शक्ति थी वह समाप्त हो चली है। अब दूरदर्शन इस क्षेत्रीयतावाद को बढ़ाएगा और वीडियो फिल्मों का महत्त्व जोर पकड़ेगा। इससे लोक की शक्तियाँ बजाय फैलने के और सीमित होंगी।

क्षेत्रीयतावाद ने लोक साहित्य को प्रदर्शन की चीज भी बनाया है। हमारे क्षेत्र का माल अच्छा है। इस तरह की स्पर्द्धाभरी बोलियाँ केवल साहित्यकार ही नहीं लगा रहे हैं—प्रकाशक और कुछ अंशों में सरकारी आयोजन भी इसकी पूर्ति में लगे हैं। जगह-जगह लोकोत्सव सम्पन्न हो रहे हैं। लोक साहित्य में लोक कथा कथन से लेकर उसके आडियो-वीडियो प्रयोजनों ने इसे अपने सीमित क्षेत्र में या तो केन्द्रित किया है—या फिर कुछ क्षेत्र विशेष के लोक साहित्य ने अपने पाँव फैलाए हैं। इस प्रवृत्ति का परिणाम है कि दूरदर्शन को कुछ खास ही क्षेत्र के लोकगीत और लोक धुनें पसन्द आती हैं। ये लोकगीत और लोक धुनें अन्य क्षेत्रीय लोक रंगतों में बतौर प्रयोग उपस्थित न होकर उन्हें बेदखल करने की स्थिति बनाने की कोशिश में संलग्न हैं। विश्वविद्यालयों में लोक साहित्य के विभाग स्थापित किए गए हैं। इनमें लोक साहित्य पर शोध कार्य भी सम्पन्न हो रहा है। लोक कवियों की कविताएँ पाठ्यक्रमों में सम्मिलित की जा रही हैं। किन्तु इनमें भी विसंवादी स्वर ही प्रमुख हैं। लोक साहित्य में सम्पन्न होनेवाले शोध कार्य लगभग जड़ पद्धति में ढल चुके हैं। शोध कार्यों में क्षेत्रीयता का बोलबाला है। अपनी क्षेत्रीय बोली के साहित्य के प्रति एक गलदश्रु भावुकता पालकर उसे ही सब कुछ मान लेने की भावना शोधकर्ताओं में पनप रही है। इस तरह के शोध कार्य क्वचित् ही उपलब्ध हो पाएँगे जो लोक साहित्य की व्यापकता के आधार पर क्षेत्रीयता की सीमाएँ ध्वंस कर सकें। देवेन्द्र सत्यार्थी, रामनरेश त्रिपाठी जैसे सही शोधकर्ताओं ने इस तथ्य को अनुभव कर लिया था कि लोक साहित्य को सीमा विशेष में कैद करना उसकी शक्तियों को कमजोर कर देना है। उन्होंने लोक साहित्य के संकलन में क्षेत्रीयता को तोड़ दिया है।

क्षेत्रीयतावाद के परिणामस्वरूप लोक-संरक्षण और संवर्द्धन का सम्पूर्ण दायित्व नगरीय संस्थाओं तथा विश्वविद्यालयों के कन्धों पर आ गया है। लोक स्वयं अपने दायित्वों को सम्भालने में अक्षम हो रहा है। क्योंकि उसे यह अहसास करा दिया गया है कि उसके योगक्षेम का वहन नगर में बैठा पढ़ा-लिखा आदमी कर रहा है। लोक साहित्य की जड़ें गाँवों से उखड़कर शहरों की कलमरोपी संस्कृति में सूख रही हैं। नगर, कच्चा माल देहात से लाता है। वही उसे पक्का बनाकर फिर देहात भेज रहा है और देहात से कई गुना मूल्य वसूल रहा है। यद्यपि इस समस्या ने क्षेत्रीयतावाद को जन्म नहीं दिया है, किन्तु यह समस्या क्षेत्रीयतावाद को पनपा रही है। लोक साहित्य में

यान्त्रिकीय घुसपैठ ने उसके पल-पल परिवर्तित प्रकृति वेश को नष्ट कर दिया है। लोक साहित्य के शोषणपरक प्रयोग धड़ल्ले से चल रहे हैं। इनका इस्तेमाल विकृतियों के उभारने में किया जा रहा है। कुछ खास अंचलों के लोकगीतों की धुनों का प्रयोग फिल्मों में मात्र अश्लीलता के भौंडे प्रदर्शन के लिए किया जा रहा है।

लोक साहित्य का अन्तर्संवाद क्षेत्रीयतावाद ने समाप्त किया है। यद्यपि विभिन्न क्षेत्रों के लोक साहित्य का तुलनात्मक अध्ययन सुधी जन कर रहे हैं, किन्तु रचनात्मकता के स्तर पर प्रस्तुत होनेवाला अन्तर्संवाद समाप्तप्राय है। यह अन्तर्संवाद दृष्टि की व्यापकता और रचना की सम्प्रसारी शक्तियों से प्रकट होता है। लोक साहित्य में इनका अभाव होता जा रहा है। लोक साहित्य बेहद प्रयोगधर्मी होता है—यही उसकी जीवन्तता का प्रमाण भी है। उसकी प्रयोगशीलता प्रकृति की सहज प्रयोगशाला में ही सम्भव होती रही है। जैसे ही प्रकृति का साथ लोक साहित्य त्याग देता है—वैसे ही वह अपनी प्रयोगधर्मी चेतना से कट जाता है। नगर में रहनेवाला गाँव का व्यक्ति अपनी स्मृति के सहारे से लोक साहित्य रचेगा—वह मात्र लोक साहित्य के प्रति उसकी ललक भर को व्यक्त करेगा। लोक साहित्य के जाग्रत और जीवित रूप को शायद वह नहीं रच पाएगा। रचनाकार की नियति इस तरह बहुत एकान्तिक हो जाएगी।

क्षेत्रीयतावाद ने क्षेत्रीय असन्तुलन उत्पन्न किया है। किसी एक क्षेत्र का लोक साहित्य अधिक प्रचलन में आकर दूसरे क्षेत्र के लोक साहित्य की पूछ-परख समाप्त कर देता है। इसका जबर्दस्त कारण यद्यपि उन साहित्यकारों की उदासीनता है, जो उस क्षेत्र विशेष के हैं—जिसका लोक साहित्य अधिक प्रकाश में नहीं आ पा रहा है। लोक कथाओं में विजयदान देथा ने गुजरात और राजस्थान की लोक कथाओं को अपने अथक परिश्रम से एकत्रित किया और उन्हें प्रकाशित कराने की समुचित व्यवस्था की तो इसमें श्री देथा के श्रम की सराहना करना पड़ेगी। यदि निमाड़ी में रामनारायण उपाध्याय ने कठिन श्रम करके निमाड़ी लोक साहित्य को महत्त्वपूर्ण भूमिका प्रदान की है, तो इसका श्रेय लेखक को ही जाता है। इसके बजाय कुछ अंचल ऐसे हैं—जिनकी बोलियों के लोक साहित्य को बहुत अच्छे अनुसन्धानकर्ता और बहुत अच्छे लेखक नहीं मिल पाए हैं। उनके साहित्य का प्रस्तुतीकरण राष्ट्रीय स्तर पर वैसा नहीं हो पाया है—जैसा होना चाहिए था। यदि लोक साहित्य के विशिष्ट लेखक चाहे वे किसी भी क्षेत्रीय बोली के लोक साहित्य का अध्ययन कर रहे हों, एक-दो अन्य क्षेत्रीय बोलियों के लोक साहित्य को अपने अध्ययन, अनुसन्धान का विषय बनाएँ या अपने प्रभावशाली व्यक्तित्व के माध्यम से उन बोली क्षेत्रों में कुछ सार्थक प्रतिभाएँ जगाएँ तो यह असन्तुलन समाप्त हो सकता है। स्वायत्त संस्थाएँ, लोक साहित्य की पत्रिकाएँ और सरकारी प्रयास क्षेत्रीय असन्तुलन समाप्त करने में अपनी महत्त्वपूर्ण भूमिका प्रस्तुत कर सकते हैं।

क्षेत्रीयतावाद सम्भवतः अपने समय की अनिवार्य नियति है, अतः इससे मुक्ति शायद एक सुखद कल्पना मात्र हो सकती है। क्षेत्रीयतावाद ने लोक साहित्य को कुछ विशिष्ट सन्दर्भ प्रदान किए हैं। इन्हें नजरअन्दाज नहीं किया जा सकता है। क्षेत्रीयतावाद

ने आंचलिक जन को अपनी जमीन से जुड़ने की प्रबल कामना प्रदान की है। अपनी माटी के प्रति आकर्षण जगाया है। अतः अपने लोक साहित्य के प्रति भी वह जागरूक हुआ है और उसके साथ उसकी गौरवपूर्ण स्वीकृति भी संलग्न हुई है। ज़ो लोक साहित्य कभी गँवारों और धुर देहातियों की पहचान के रूप में एक तरफ ढकेल दिया जाता था–वह अब विद्वानों के बीच बहस का विषय बन रहा है। लोक साहित्य विषयक चिन्ताएँ संगोष्ठियों और अध्ययन-अध्यापन के मध्य भी व्यक्त होने लगी हैं। लोक-तत्त्व का अन्वेषण श्रेष्ठ रचनाकारों की रचनाओं में किया जा रहा है। निश्चित ही क्षेत्र विशेष में सही लोक साहित्य विषयक आकांक्षाएँ प्रबल हुई हैं। जिस तरह अब राजनीतिक हलकों में गाँवों और गाँव का निवासी महत्त्वपूर्ण बन रहा है–वैसे ही साहित्य की मूल-चिन्ताओं में लोक साहित्य भी समाहित हो रहा है। क्षेत्रीयतावादी भावना ने क्षेत्र विशेष के साहित्य को प्रकाशित करने और उसे सुलभ बनाने का भी कार्य किया है। वे अभिजातवर्गीय नागरिक भी अब अपने क्षेत्र विशेष के साहित्य से परिचित होने लगे हैं जिनका वास्ता कभी भी इस तरह के साहित्य से नहीं रहा।

यदि लोक साहित्य को गम्भीरता से ग्रहण करना है तो उसके भीतर अन्तर्क्षेत्रीय पहुँच की दृष्टि विकसित करना जरूरी है। इधर क्षेत्रीयतावाद और उपयोगितावाद ने मिलकर जो लोक साहित्य में आरोपित जीवन दृष्टियों को महत्त्व प्रदान किया है–उसे तोड़ना पड़ेगा। लोक साहित्य का प्रचार-प्रसार ऐसे हाथों में पहुँचना चाहिए जो वास्तविक रचनाधर्मी हों। अपने परम्परित परिवेश में लोक साहित्य की प्रस्तुतियाँ हों–उनका विश्लेषण हो–उनका विवेचन हो। यान्त्रिकीय शक्तियों का इस्तेमाल इस तरह से किया जाए कि वे लोक साहित्य की परम्परा को विनष्ट नहीं कर पाएँ। तभी हम लोक साहित्य की अनन्त सम्भावनाओं का प्रयोग अपने समकालीन जीवन में व्यापक स्तर पर कर पाएँगे।

लोक पर संस्कृत का प्रभाव तथा उसकी अन्तःक्रियाएँ

वाक् की शाश्वत यात्रा में भाषाओं के पड़ाव एक नैसर्गिक सत्य की तरह उपस्थित होते रहते हैं, भाषाओं का विकास या ह्रास वाक् के उपरिवृत्त का चोला-बदल है, अन्यथा वाक् की अन्तर्वर्ती शक्ति सदैव ही दिक्काल को भेदती हुई सांस्कृतिक परिपथों पर मानवीय सभ्यता के परिचलन में सक्रिय रही है। भाषा वैचारिक ऊर्जा का ध्वन्यात्मक रूपान्तरण है, इसलिए विचार की शक्ति ही भाषा की केन्द्रीय शक्ति है और विचार ही मानव सभ्यता का आदि स्रोत एवं उसके सम्पूर्ण विकास का संवाहक है, इसीलिए सम्पूर्ण मानवीय अभिक्रियाओं के मूल में भाषा एक महत्त्वपूर्ण घटक की तरह उपस्थित होती है। मानव द्वारा अर्जित समूचा वैचारिक और संवेदनात्मक सत्व साहित्य-सरणि में संरक्षित संक्षारित और सन्धारित होता है और साहित्य की अन्तःक्रियाओं का उद्भवन, उन्मथीकरण और उद्बोधन भाषा की विराट् अस्मिता में ही स्पष्ट होता है, इसीलिए भाषा की अनन्त शक्तियों का पुनर्सृजन और पुनराविष्कार साहित्य के माध्यम से ही सम्भावित है, साहित्य भाषा का एक ऐसा अन्तर्लोक है–जिसमें जातीय स्मृतियों के अनेक प्रवाल-शैल प्रतिबिम्बित होते रहते हैं। इन जातीय स्मृतियों की संघटना के अन्दरूनी हलकों में सांस्कृतिक आदान-प्रदानों का एक जटिल और संश्लिष्ट सिलसिला कायम रहता है, इसका उद्घाटन ही साहित्य और भाषाओं की अन्तःक्रियाओं और प्रभावों के अनुशीलन का प्रस्थान बिन्दु हो सकता है।

हमारे समकालीन समाज के मेरुदंड में अनेक सांस्कृतिक आस्तरणों के वलय-खंड अभिनिवेशित हैं। लोक और नागर जीवन के बीच में गाँव है। अर्द्धलोकीय या अर्द्धनगरीय शैली का विकास गाँवों की सांस्कृतिक चेतना में अवस्थित है, जो कृषि संस्कृति के आधार रहे हैं। लोक और नगर के सन्धिस्थल पर स्थित इन मैदानी गाँवों का सामाजिक और सांस्कृतिक ढाँचा कुछ इस तरह से निर्मित हुआ है कि इसके मूल उपादान लोक-जात हैं और उनके विकसित सूत्र नगरधर्मी क्रिया-कलापों और व्यवहारों से गँठवाए गए हैं। गाँव की सांस्कृतिक और धार्मिक आवश्यकताओं के केन्द्र में पुरोहित सदैव रहा है–शादी-विवाह, जन्म-मरण, उत्सव-त्यौहार, नींव-खनक, बीज-वपन आदि भौतिक और आध्यात्मिक क्रियाओं का साक्षी और प्रेरक पुरोहित केवल पुरोहित ही नहीं था–वह व्यास, वैद्य, ज्योतिषी और नीतिनिर्देशक आदि भी था। इस पुरोहित का व्यक्तित्व ही वह सीढ़ी है जिस से लोक ऊपर की ओर चढ़ता रहा है और नगर नीचे की ओर आता रहा है–एक-दूसरे में कत्था-चूना की तरह रच-बस कर।

लोक से मेरा तात्पर्य उन सम्पूर्ण जीवन आषंगों से है—जिसमें लोक अर्जित भाषा, साहित्य और विश्वास अन्तर्निहित हैं और नगर से आशय संस्कृत से प्रभावित साहित्य-संस्कारित आचारों और व्यवहारों से है। सामाजिक विकास में इन दोनों की क्रिया-प्रतिक्रिया का विचित्र तालमेल है। दोनों एक-दूसरे से प्रभावित नहीं रह पाते, किन्तु संस्कृत लोक से उतना प्रभावित नहीं है—जितना लोक संस्कृत से प्रभावित है, संस्कृत का सम्बन्ध सदैव अभिजात एवं आध्यात्मिक चेतना प्रधान वर्गों से रहा है और इतर लोक इसका अनुकरणकामी। यही वजह है कि संस्कृत से सम्बन्धित जीवनचर्या का प्रभाव गाँव के जीवन पर सीधा पड़ा है। इस प्रभाव का संवहन हुआ पुरोहित के माध्यम से। गाँव के धार्मिक कर्मकांडों और अनुष्ठानों में संस्कृत का दखल प्रभूतमात्रा में है। लोक विश्वासों को भी गाँव उसी अनुपात में जीवित रख सका है—जिस अनुपात में संस्कृत से आए हुए वैदिक और पौराणिक प्रभावों को, पुरोहित के समानान्तर गुनिया, ओझाओं और बैगाओं का संसार भी ग्रामीण जीवन में सुरक्षित है। ज्यों-ज्यों हम धुर-लोक या आदिवासी अन्तरीपों में प्रवेश करते हैं, त्यों-त्यों लोक विश्वासों का सघन तन्तुजाल हमारे आसपास बुनता जाएगा और संस्कृत परम्पराओं का अभाव होता जाएगा।

संस्कृत ने सबसे पहले अपने समृद्ध साहित्य के धार्मिक और आध्यात्मिक रिक्थ से ऐसे लोक को प्रभावित किया जिसका ग्राम्यीकरण हो रहा है—यह तत्कालीन गाँवों में आधुनिकीकरण की पहली प्रक्रिया थी—वाल्मीकि रामायण और व्यास के महाभारत ने लोक-जीवन के विविध प्रसंगों में अपना असर डाला। जीवन आस्वादन के तौर-तरीकों को एक अलग तरह से आश्वस्ति प्रदान की। महाभारत और रामायण ने समूचे भारतीय जीवन में कथा के माध्यम से तत्त्व-विचार और धर्म प्रचार की व्यास परम्परा का सूत्रपात किया। मध्य भारत, विशेष रूप से मध्य प्रदेश में वह व्यास परम्परा इस रूप में विकसित हुई कि लोक कला शैलियों का उसका असर स्पष्ट होने लगा। वाल्मीकीय रामायण के आधार पर सैकड़ों रामकथाओं की सर्जना हुई तो दूसरी ओर वेदव्यास कृत महाभारत की लोक कथात्मक प्रस्तुतियाँ विशेष रूप से कलात्मक स्तर पर प्रकट हुईं। छत्तीसगढ़ में पंडवानी के रूप में महाभारत की कथा का लोक-नियोजन हुआ है। लोक संगीत और संस्कृत की शास्त्रीय कथा का अद्‌भुत अन्तर्गुंफन इस तरह के अनुष्ठानों में है। पंडवानी कथा-गायन की परम्परा मध्य प्रदेश के गोंड आदिवासियों की परधान शाखा में तथा छत्तीसगढ़ की देवार जाति में प्राप्त होती है। यह महाभारत के कथा प्रसंगों से ही प्रभावित है। बस्तर की जन जाति में प्रचलित एक नाट्य रूप जो भतरा नाट के नाम से जाना जाता है—महाभारत और रामायण के कथा प्रसंगों पर ही आधारित है। अभिमन्यु वध, जरासन्ध वध, कीचक वध, हिरण्यकश्यप वध, दुर्योधन वध, रावण वध, मेघनाद शक्ति, लंकादहन जैसे प्रसंग नाटक में सन्निहित हैं, उत्तर भारत से आई रामलीला और रासलीला भी मध्य प्रदेश में प्रचलित लोक-कलारूप हैं। इनका कथा स्रोत भी संस्कृत वाङ्मय में ही है। राजा भर्तृहरि कथा, राजा नल की कथा जैसे नाट्य मंचनों का सूत्र संस्कृत साहित्य में है। मालवा में इस तरह की कथाओं का मंचन होता है। नाट्य मंडलियाँ अपनी घुमक्कड़ी

प्रवृत्ति के कारण इस तरह के नाटकों को पूरे मध्य प्रदेश में प्रस्तुत करती रहती हैं। मध्य प्रदेश उत्तर और दक्षिण को मिलानेवाला कटि प्रदेश है, इसलिए संस्कृति की विभिन्न धाराओं का संविलयन इस क्षेत्र-विशेष में हुआ है।

मध्य प्रदेश के कलारूपों में आदिवासी कला प्रतिमानों या लोक कथाओं का आधिक्य है। एक प्रकार से लोक कथाओं की समृद्ध परम्परा ही मध्य प्रदेश की कला परम्परा है। इन कलाओं का रुझान शास्त्रीयता की ओर अपने सम्प्रसारी स्वभाव के कारण हुआ है। शास्त्रीयता से इन्होंने कथासूत्र लिए क्योंकि इन कथाओं में सार्वजनीनता का गुण विद्यमान था, संस्कृत कथानकों की लोक-व्यापी परम्परा के कारण, लेकिन इन कथा-सूत्रों में लोक ने अपनी प्रवृत्तियों और अपने स्वभाव को भी ढाला। लोक विश्वासों और पौराणिक मिथकों का अपने अनुकूल अन्तरावलम्बन इन्होंने स्वीकार किया। संगीत नृत्य और नाट्य शैलियों में तो लोक पूरी तौर पर अपनी भंगिमा लिए रहा। संस्कृत कला-परम्परा ने उसे लगभग अप्रभावित ही किया। कम-से-कम यह तथ्य आदिवासी इलाकों में तो एकदम सत्य है, किन्तु मैदानी इलाकों में पनपनेवाली रामलीला और रासलीला जैसी नाट्य परम्पराओं में कला के स्तर पर भी संस्कृत ने प्रभावित किया। नट-नटी या कथावाचक की उपस्थिति आरती, उपोद्घात और शास्त्रीय नृत्यों में संस्कृत नाट्य परम्पराओं और लोक परम्पराओं का समन्वय है। आचार्य केशव की 'रामचन्द्रिका' का आधार संस्कृत काव्यशास्त्र है। सीधे-सीधे केशव ने संस्कृत से बहुत कुछ लिया है। रामलीला में केशव के संवाद और केशव की कविता के अंश ग्रहण कर लिए गए। प्रकारान्तर से रामलीला संस्कृत नाट्य परमपरा के कुछ आधारों को लेकर प्रस्तुत होती है। रासलीला में श्रीमद्भागवत के दशम स्कन्ध के अन्तर्गत रास-पंचाध्यायी का अनुकरण कतिपय नृत्य प्रसंगों में उपलब्ध होता है। भरतमुनि ने नाट्यशास्त्र में लोकधर्मी और शास्त्रीय नाट्य परम्पराओं का उल्लेख किया है। भरत ने लोक और शास्त्र को कुछ मायनों में अन्तर्ग्रन्थित किया। एक उभयमुखी प्रक्रिया निरन्तर गतिशील रहती है—जिसमें लोक, शास्त्र में अपना स्थान तलाशने लगता है और शास्त्र लोक का उपजीव्य बनने लगता है, अनुशासन में बँधना और फिर अनुशासन-मुक्त होना कला सन्दर्भ की विकास यात्रा है, निरन्तर नए होते रहने की चेतनामयी प्रवाह परम्परा है—जब शास्त्र जड़ और स्थिर होने लगता है, तब लोक ही उसे अपनी प्राणप्रद वायु प्रदान करके उसे पुनः नई रचना शक्ति प्रदान करता है।

लोक साहित्य पर संस्कृत की पुराण कथाओं तथा रामवृत्त और कृष्णवृत्त से सम्बन्धित कथानकों का व्यापक प्रभाव है। इन कथाओं की घटनाओं और चरित्रों के स्वभाव और क्रियाकलापों को लोक ने अपने स्वभाव में ढाल लिया है। इस तरह संस्कृत के आभिजात्य से कथा घटनाओं और कथा चरित्रों को मुक्त करने का उपक्रम लोक ने अपनी सहजता के साथ किया। ''भोला गाँजो पिये दिन-रात, गौरा लम्बी चिलम लये हाथ'' या वाल्मीकि आश्रम में पुत्र-प्रसव के समय सीता के एकाकीपन की त्रासद अनुभूति—''मोय उठ रई घनेरी पीर, इते मोरो कोऊ नईयाँ'' जैसी तमाम लोक-स्वभावजन्य

अनुभूतियों को बोलियों के साहित्य में खोजा जा सकता है। मध्य प्रदेश की सभी बोलियों में रचनात्मकता का यह व्यापक संसार प्राप्त हो जाता है। सरगुजिया के लोकगीतों में रामकथा, निमाड़ी के लोकगीतों में कृष्णचरित्र या बुन्देली में शिव-पार्वती विवाह आदि विषयों पर उच्च स्तरीय शोध कार्य सम्पन्न हो चुके हैं। हलबी, भतरी, मालवी, बघेली में भी इस प्रकार के कार्य हुए हैं। स्पष्ट है कि पौराणिक कथाओं ने मध्य प्रदेश की लोक-प्रतिभा को अपनी ओर आकृष्ट किया है। संस्कृत की हास्य-कथाओं, नीति कथाओं और उपदेश कथाओं की ओर भी लोक रचनाकार अभिमुख हुए हैं। लोक गीतकार के संस्कार उसकी रचना में प्रतिध्वनित होते हैं। उत्तर मध्यकाल में रचे गए अधिकांश लोकगीतों में ये संस्कार संस्कृत परम्परा से आए हुए हैं। लोक कवियों के बिम्ब-विधान और प्रतीक-विधान में उस शिष्ट मन का अवलोकन किया जा सकता है। बुन्देलखंड के गंगाधर की अनेक पंक्तियों में यह तथ्य स्पष्ट हो जाता है–"दिन ललित वसन्ती आन लगे, रवि के रथ ठहरान लगे और काम धुजा फहरान लगे," जैसे कथनों में संस्कृत कविता के बिम्ब की छाप है। यह प्रवृत्ति मैदानी इलाकों से दूर जाने पर आदिवासी क्षेत्रों में कम होती गई। आदिवासियों के लोकगीतों में सहज कवि मन का विस्फार लगभग वैसा ही है जैसा वैदिक ऋचाओं में आर्य ऋषि का स्वर मिलता है। इस तरह के लोकगीतों में प्रकृति के साथ कर्मकांड को सम्बद्ध करने का तरीका लोक के पास वैदिक परम्पराओं के समानान्तर है। ऐसा प्रतीत होता है कि लोकगीत प्रारम्भ में एक या दो पंक्तियों के होते थे। अभी भी ऐकांतिक क्षेत्रों में सोलह भाग वाले छोटी-छोटी इन पंक्तियों के अतिलघु मुक्तक गीत प्राप्त होते हैं, जैसे सरगुजिया में ददरिया, बुन्देलखंड में राई, कहरवा आदि। बाद में संस्कृत की महाकाव्यात्मक और खंडकाव्यात्मक शैलियों के विकास के साथ ही लोक में कथाप्रधान गीतों का प्रचलन हुआ। यह लोकगीतों के विकास का अगला चरण हो सकता है। इन कथाप्रधान लोकगीतों में पुराण और इतिहास के साथ निजन्धरी कथाएँ भी समाविष्ट हो गईं। कुछ कथाएँ जो व्रत-उपवास, तीज-त्योहारों से सम्बन्धित हैं–उन पर भी संस्कृत की पुराण कथाओं की छाया है। करमा की कथा, कार्तिक स्नान की कथाएँ इस तरह की श्रेणी में आती हैं। इतिहास की घटनाओं को लोक ने अपनी आँख से देखा और अपनी तरह से गढ़ा है–जैसे हरदौल पर लिखा गया कथा-काव्य, मैना मांजर देई की कथा आदि। संस्कृत भाषा के प्रभूत शब्दों ने बोलियों में अपनी हिस्सेदारी तद्भवीकृत होकर की है।

लोकचित्र शैलियों पर संस्कृत का प्रभाव केवल धार्मिक चित्रमालाओं में प्राप्त होता है। मोचियों द्वारा बनाए गए भित्ति चित्रों में राम, कृष्ण, दुर्गा, शिव आदि देवताओं की विभिन्न लीलाओं का सृजन किया गया है। निमाड़ी और मालवी में रचित संझा चित्र श्रेणियों में कथा के सूत्र एक व्यवस्थित मन के संस्कारों और बौद्धिक चेतना के प्रभाव को अभिव्यक्त करते हैं। लक्ष्मी, गणेश आदि मांगलिक देवताओं के साथ घट, कमल आदि मंगल प्रतीकों की रचना में संस्कृत परम्परा का झीना-सा प्रभाव है, अन्यथा चित्र शैलियों में लोक अपनी आदिम स्थितियों में ही है। उसकी शैली भी आदिम कला शैली

ही है। बहुत सम्भव है कि चित्रकला के विकसित सरोकारों और प्रतिमानों से लोक का परिचय उतना घनिष्ठ और सघन नहीं रहा। लगभग यही स्थिति मूर्तिकला शिल्प के साथ भी है। छपाई-रँगाई के लिए प्रयुक्त होनेवाली डिजाइनों में संस्कृत की अपेक्षा फारसी का प्रभाव अधिक है—रंगरेज और छीपी वस्त्रों पर जो रंगरेजागिरी करते हैं, वह मुगलिया क़लम के सीगाबन्धों, वन्यपशु और प्रकृति चित्रणों से परिपूर्ण है। लोक कला के युद्ध चित्रों और लीला आख्यानों के चित्रण में संस्कृत कथाओं की रूपरेखा को कहीं-कहीं स्पर्शित किया गया है।

सामाजिक व्यवहारों में संस्कृत के व्यावहारिक प्रयोगों को लोक ने आत्मसात् किया है। चिट्ठी-पत्री लिखने के मसौदे में सिद्ध भी सर्व उपमालायक जोग लिखी...जैसे व्यवस्थित सिरनामे संस्कृत की ही देन हैं। भवनों, कुओं, तालाबों, मन्दिरों में लगाए गए प्रस्तर फलकों पर उत्कीर्ण निर्माण स्मृति के बीजक सीधे-सीधे संस्कृत से उद्ग्रहीत हैं। ज्योतिष का समूचा नखत विज्ञान पंचांग के रूप में लोकजीवन में संस्कृत से ही उतरा है। इस क्षेत्र में लोक के अनुभव भी अपने ढंग के हैं। घाघ और भड्डरी जैसे पंडितों की कहावतों में ये सुरक्षित हैं। क्रीड़ा, मनोविनोद के अनेक आषंगों में भी संस्कृत साहित्य में वर्णित विधि-विधानों की क्रियाशीलता है। लोक विश्वास यद्यपि लोक की सहजात प्रवृत्तियों में से है किन्तु इस पर भी संस्कृत के मन्त्र विज्ञान का असर देखा जा सकता है। लोक ने मन्त्रों की रचना जिन बीजाक्षरों से की है—उनका स्वरूप सन्धान संस्कृत मन्त्र विज्ञान और तन्त्र विज्ञान में प्राप्त होता है।

लोक ने संस्कृत के कर्मकांड और उसकी जीवन-पद्धति के प्रति दो तरह से प्रतिक्रियाएँ कीं—एक स्वीकारमूलक और दूसरी अस्वीकारपरक। स्वीकारमूलक प्रतिक्रियाओं के अन्तर्गत उसने अनेक संस्कृत परम्पराओं को अपनी संस्कृति में आयातित कर लिया, जबकि अस्वीकारपरक प्रतिक्रियाओं में संस्कृत के पंडिताऊ और कर्मकांडी स्वरूप पर खुलकर प्रहार किया गया। लोक में जो वर्ग मध्यवर्ग की श्रेणी में आता गया, वह संस्कृतनिष्ठता की ओर झुकता गया। कृषि, वाणिज्य, पठन-पाठन आदि से जुड़ा वर्ग संस्कृत से कुछ-न-कुछ लेता रहा किन्तु जो निम्नवर्ग था, जिसका सम्बन्ध शारीरिक श्रम प्रधान कर्मकार वर्ग से था, वह अपने असल लोक को त्याग नहीं पाया था। उल्टे वह संस्कृत के प्रति वितृष्ण था। कबीर जैसे कवियों में यह भाव इसी वर्ग के मानस-संस्कारों की देन था। मध्य प्रदेश के राजे-रजवाड़े प्रायः वाराणसी से संस्कृतनिष्ठ ब्राह्मणों को अपने पुराहित और आचार्य पद पर प्रतिष्ठित करते थे। राजपरिवारों में संस्कृत शिक्षा भी अनिवार्य थी। इस परम्परा का अनुकरण अमीर-उमरावों से होता हुआ गाँव के मालगुजारों, रईसों और जमींदारों तक पहुँचा था, इस तरह स्वाभाविक रूप से संस्कृत के सामाजिक व्यक्तित्व का सम्प्रसारण निरन्तर होता रहा। लोक की अस्मिता में संस्कृत आभिजात्य ढलता गया और उसने एक तद्भवी समाज का निर्माण किया। सरगुजा, बस्तर, झाबुआ और मंडला के आदिवासी क्षेत्रों में भी इस तद्भवी समाज का प्रभाव है, यद्यपि इन इलाकों में लोक भी अपनी असल रूपरेखा को अक्षुण्ण बनाए हुए है।

मानवीय मूल्य और लोक साहित्य

मानवीय मूल्य मनुष्य और प्रकृति के तालमेल से उत्पन्न होनेवाले वे जीवन सत्य हैं–जिनके कारण मनुष्य अपनी सम्पूर्ण अर्थवत्ता में इस पृथ्वी पर सभी चेतन प्राणियों से अधिक विकसित चेतना वाला प्राणी बन सका है। प्रकृति की उन्मुक्तता और उसकी सामूहिकता ने मनुष्य को विस्तार दिया। उसकी भावनाओं को व्यापक बनाया। जंगल में एक साथ बसन्त आता है। एक साथ पतझड़। यह जंगल की सामूहिक चित्तवृत्ति का ही मनःकल्प है। फैले-फैले वन, विस्तृत आकाश इन सबके सान्निध्य ने मनुष्य को सामाजिक-ऊष्मा के अनुभव क्षण प्रदान किए। झरनों, नदियों, वृक्षों और फसलों की उदारता ने मनुष्य को परमार्थ की उच्चतम संकल्प भावना प्रदान की। सूर्य के अनुशासन और तप ने उसे कठोर जीवन प्रणाली के सहजात गुण श्रम निष्ठा से परिपूर्ण किया। निश्चित ही प्रकृति के सान्निध्य ने मनुष्य को उन शाश्वत मूल्यों से सम्पन्न किया जिन्हें हम उपकार, क्षमा, दया, करुणा, आदि शब्दों के माध्यम से अभिव्यक्त करते हैं। वस्तुतः ये भाव प्रकृति के मूल गुण ही हैं। दरअसल मानवीय अनुभूतियों का विकास प्रकृति की सहजात वृत्तियों के रूप में ही हुआ है। इसलिए मनुष्य के भावना लोक में प्रकृति के स्वप्नों का बारीक रेखांकन उसे मनुष्य होने की चरितार्थता प्रदान करता है। मनुष्य की वैभवशालिनी बुद्धि ने उसे प्रकृति से दूर फेंकना प्रारम्भ किया तो मनुष्य के वे मूल्य भी उससे छिनते गए–जिन्हें वह प्रकृति के सान्निध्य में करोड़ों वर्षों से अर्जित कर पाया था। मनुष्य की मेधा ने उसे निरन्तर अमानवीय बनने के लिए प्रेरित किया है।

कृषि संस्कृति ने प्रकृति प्रदत्त मानवीय गुणों को पाला-पोसा। ऐसा इसलिए सम्भव हुआ क्योंकि कृषि संस्कृति का भी मूलाधार प्रकृति थी। कृषि संस्कृति का प्रत्येक आचरण प्रकृति प्रेरित ही था। कृषि संस्कृति की अधो संरचना का मूलाधार ग्राम थे। और ग्रामीण जीवन में प्रकृति और मनुष्य का धूपछाँही समन्वय था। धरती, जंगल, जल, आकाश, नखत, ऋतुएँ, फसल, श्रम और सहयोग ये सब मनुष्य और प्रकृति के एक साथ चलनेवाले अनिवार्य जीवन तत्त्व एवं जीवन प्रणाली के अनिवार्य क्रियाकलाप थे। कृषि संस्कृति का सम्पूर्ण जीवन चक्र प्रकृति के महाचक्र से निष्पन्न एक विशिष्ट जीवन बनकर उपस्थित हुआ था। भारतीय व्यक्ति के जीवन मूल्यों का विकास और उनका संरक्षण इसी ग्राम्य संस्कृति में होता रहा है। बाद में कृषि युग के विकसित कर्मकांडों ने शाश्वत मूल्यों के साथ परिवर्तनशील ऐसे मानवीय मूल्यों की सृष्टि भी की जो

देशकाल के साथ अपनी समकालीन परिस्थितियों में सन्तुलन स्थापित करते रहे। मानवीय मूल्यों की व्याख्या और उसके आदर्शों की प्रतिष्ठा भी प्रकृति और मनुष्य के बीच आध्यात्मिक और ज्ञान के लोक संग्रही एवं लोक संवेदी ऋषियों, मुनियों ने अरण्यानी रचनाओं के माध्यम से प्रस्तुत की है। एक तरह से भारतीय ग्राम संस्कृति ही मानवीय मूल्यों की सम्प्रसारण स्थली और सन्धारण स्थली रही है। हजारों वर्षों से ये मूल्य वहाँ के जीवन में सुरक्षित रहे हैं, क्योंकि ग्रामीण जीवन में पिछली शताब्दी तक बहुत कम परिवर्तन ही सम्भव हुए हैं, इस शताब्दी के सूर्योदय से ही ग्रामीण जीवन में परिवर्तन की त्वरा आई और अब तो ऐसा अनुभव किया जा रहा है कि जैसे हजारों वर्षों से अर्जित इस मूल्य सम्पदा के संरक्षक गाँव अब उन्हें छिन्न-भिन्न करने पर उतारू हो गए हैं। यह दूसरे तरह की चिन्ता है किन्तु है तो प्रासंगिक ही। लोक के स्वरूप में जो यान्त्रिकता, राजनीतिक स्वार्थपरता और व्यावसायिक स्पर्द्धा घुस आई है, उसने वहाँ के आस्थामय-श्रद्धा केन्द्र ही नष्ट कर दिए हैं। वहाँ की उस सामाजिक सन्निधि को समाप्त कर दिया है, जिसमें बहुत व्यापक अभेद दृष्टि थी।

तमाम लोक साहित्य में इसी लोक जन के मन की अभिव्यक्ति हुई है, निश्चित ही लोक साहित्य मानवीय मूल्यों का परिपोषक और परिबोधक रहा है। लोक साहित्य मनुष्य और प्रकृति की अभेदकता में अपनी कल्पना-दृष्टि विकसित करता रहा है। लोक कथाओं में बहू का चिड़िया बन जाना—राजकुमारों का कमल पुष्प के रूप में अवतरित होना, पुत्रों का बाँस के पेड़ बनकर अपनी सुरीली आवाज में अपने साथ किए गए आघात का दर्द-भरा वर्णन करना, चूहा-शृंगाल, लोमड़ी, शेर आदि का मानवीय स्तर पर मनुष्य के लीला-लोक में प्रवेश करना इसी अभेद दृष्टि का परिणाम है। लोक कथाओं में लोक के साधारण जन की संघर्ष गाथा को अधिक चमकदार बनाकर प्रस्तुत किया गया है। राजा और रानियों पर भी इन लोक कथाओं में अबेरा पड़ती है और वे सामान्य आदमी की विपत्तियों को भोगते हैं। लोक अहंकार के तिरोहण का स्थल है। वहाँ रूप, नाम, उपाधि महत्त्वपूर्ण नहीं है। वहाँ मनुष्य की पहचान उसके मनुष्य होने से ही होती है। यही कारण है कि लोक कथाकार और लोक गीतकार तक अपने नाम के व्यामोह में नहीं पड़े। उन्होंने जो भी कहा वह अहंकारमुक्त होकर कहा। अहंकार की यह मुक्ति ही मानवीय मूल्यों का विस्तार का आधार बनती है। लोक कथाओं में जीवनानुभूतियों के कारुणिक प्रसंग भी उपस्थित होते हैं। क्रूर-से-क्रूर डाकू अपने भांजे और बहिन की जी जान से रक्षा करता है। हृदय परिवर्तन में सम्बन्धों की धारणा का इससे अच्छा उदाहरण अन्यत्र नहीं मिलेगा, प्रताड़ित और गरीब जन की शरणस्थली अधिकांश लोक कथाएँ हैं। परोपकार, करुणा, सहृदयता, परपीड़ा बोध की सामूहिक संवेदना और मनुष्य मात्र की महत्ता को लोक कथाओं में महत्त्व दिया गया है। लोक चित्त, पीड़ा, उसकी श्रमनिष्ठा और उसकी करुणा प्रस्रविनी सृजनशीलता का उदाहरण ये लोक कथाएँ हैं।

लोकोक्तियों और लोक मुहावरों में तो मानवीय मूल्यों का प्रेक्षण इस तरह से किया गया है जैसे वे मानवीय मूल्यों के रूप में महत्त्वपूर्ण कैप्सूल हों। लोक में ही इतनी

सामर्थ्य थी कि वह अपने मानवीय अनुभवों को अपने उच्चतम भाव में लोकोक्तियों के माध्यम से अभिव्यक्त कर सके। अपने भीतर पर पीड़ा बोध का इतना सटीक और मार्मिक चित्रण लोकोक्तियों में किया गया है कि उनकी संवेदनशीलता का तत्काल असर होता है। ''जाके पाँव न फटी बिवाई सो का जाने पीर पराई।'' पराई पीर का गहरा सम्बन्ध अपनी पीर से है। लोकोक्तियाँ सामूहिक आविष्कार हैं, इसलिए उनमें व्यक्ति के सामाजिकीकरण का अधिक जोर है। वे वस्तुतः व्यक्ति के स्वेच्छाचारी आचरण को प्रतिबन्धित करके उसे समाज की सरिता में विसर्जित करने का पराक्रम करती हैं ताकि वह महज एक टापू न रह जाए। मनुष्य को कुंठारहित सामाजिक इकाई बनाने में लोकोक्तियों का बहुत बड़ा योगदान है। लोकोक्तियाँ केवल व्यवहार की शिक्षा देनेवाली सूक्तियाँ नहीं हैं, वे मानवीय मूल्यों की संवाहिका हैं। उनमें मानवीय आचरण के महत्तर आशय कीलित कर दिए गए हैं। लोकोक्तियों की शैली मनोवैज्ञानिक स्तर पर मनुष्य को मनुष्य होने की प्रेरणा प्रदान करती है। इसमें निहित अनुभव व्यक्ति की सीमा से विस्फोटित नहीं हुए हैं। ये अनुभव देशकाल की परिधियाँ तोड़कर लोकचित्त के व्यापक उद्‌गार के रूप में आकृतिवान् हुए हैं। इसलिए इनमें मानवीय करुणा, मानवीय सम्बन्ध ऊष्मा, मानवीय नीतिकुशलता का समावेश है। यह ध्यान रखना भी आवश्यक है कि नैतिक चेतना मानवीय मूल्यों की ही संस्कार दृष्टि है। यह संस्कार दृष्टि लोकोक्तियाँ प्रदान करती हैं।

लोकगीतों में तो मानवीय मूल्यों का समावेश अपनी सम्पूर्णता में है। लोकगीतों में मानवीय सम्बन्धों की गरिमा का सन्धारण और पर्यावरण की सुरक्षा का प्रश्न दोनों एकमेक होकर उपस्थित होते हैं। आज पर्यावरण की सुरक्षा हमारे मानवीय मूल्यों की सुरक्षा से अलग नहीं है। इस तथ्य पर लोकगीतकार का मन न जाने कब अटक गया था, जब वह कहता है 'बाबुल निबिया जन कटेव निबिया चिरैया बसेर' तब दरवाजे की नीम पर चिड़िया का बैठना केवल एक जड़ प्रकृति व्यापार नहीं रह जाता। चिड़िया बिटिया बन जाती है। नीम घर बन जाती है। बिटिया का नीम के प्रति यह लगाव सम्बन्धों की गहनता को तो व्यक्त करता ही है उसका नीम के प्रति लगभग वही भाव है जो शकुन्तला का कण्व ऋषि के आश्रम में लगाए गए पौधों के प्रति था। नीम काटने की पीड़ा का अनुभव बिटिया जितनी शिद्‌दत से कर सकती है, शायद घर का कोई और सदस्य न कर पाए। ऐसा इसलिए कि वह भी एक चिड़िया की तरह मायके से सुसराल जाएगी। उसका मायका न उजड़े, उसकी नीम न कट पाए यह कितनी सार्थक मानवीय चिन्ता है ? नारी मन की मुक्ति की संकल्पना आज के वूमनलिब से उत्पन्न नहीं है। लोकगीत ने इस अनुभव को न जाने कब बाँधा होगा—''उड़-उड़ आऊती चारऊ देश चिरैया होती राजा।'' चारऊ देश उड़ने की यह भावना बन्दनी नारी के मन को अकुंठित बनानेवाली है। उसके मुक्तिकामी मन का सहज अनुभव भी इसमें छिपा है। वह प्रसिद्ध लोकगीत जिसमें हिरणी राजा के लड़के के पास जाकर अपने शिकार किए गए हिरण की खाल लेने का अनुरोध करती है और लड़के की रानी माँ उत्तर देती है

कि मैं तेरे हिरण की खाल तुझे वापस नहीं दूँगी। इस खाल में मैं अपने छोटे से राजकुमार के लिए खंजड़ी बनाऊँगी। खंजड़ी बन जाती है और राजकुमार उसे बजाते हैं। उस खंजड़ी की आवाज सुनकर पेड़ के नीचे खड़े-खड़े हिरणी बिसूरती रहती है–'तब-तब हिरनी ठाँड़ी बिसूरय हो'–हिंसा के विरोध में हिरनी का हस्तक्षेप मानवीय गरिमा की प्रतिष्ठा है। मनुष्य के स्वार्थी जड़त्व से कहीं अधिक संवेदनशील है, उस हिरणी के पारिवारिक सम्बन्धों की मूल्यवत्ता को लोकगीतों ने हजारो-हजार वर्षों से सँभाल रखा है। बेटी की चिन्ता लोकगीतों की महत्त्वपूर्ण चिन्ता है। 'कच्ची ईंट बाबुल देहरी न धरियो बिटिया न दैयो विदेश।' कच्ची ईंटों से मकान न बनवाना और बिटिया को दूर देश नहीं भेजना। बेटी की विदाई पर माँ-पिता के आँसू थमते नहीं हैं–'माता के रोएँ गंगा जमुना बहत है बाबुल के रोएँ बेलाताल।' लोकगीतों का यह रुदन सम्बन्धों की गहरी आसक्ति को स्पष्ट करता है। यह जगमगाता-सा संवेदन मूल्य मनुष्य ने करोड़ों वर्षों में अर्जित किया है। पुत्र के प्रति माँ का प्रेम उस लोकगीत में झलकता है जिसमें शेर गाय को अपने चंगुल से इस आधार पर मुक्त कर देता है कि उसका बछड़ा भूखा है। जब वह बछड़े को दूध पिलाकर आएगी तब शेर उसे अपना आहार बनाएगा। वचन की बाँधी सुरहिन गैया शेर के पास लौट आती है। वचन का निर्वाह किस मानवीय मूल्य से कम है। देवर-भाभी के प्रेम की पवित्रता का मूल्य हरदौल के गीतों में सुरक्षित है। पारिवारिक जीवन की मर्यादाओं का जितना ध्यान लोकगीतों में रखा गया है उतना साहित्य के अन्य सन्दर्भों में नहीं है।

लोकगीत अधिकतर उत्सव, पर्वों, त्योहारों और आयोजनों से सम्बन्धित हैं। मानवीय जीवन में सहज प्रसन्नता भी एक महत्त्वपूर्ण मूल्य की तरह है। बदलती ऋतुओं और फसलों की बोहनी, कटाई, गहाई आदि के साथ मानवीय जीवन की अन्तरंगता है। कर्म का उत्सव मनुष्य के पुरुषार्थ का महनीय मूल्य है। हमारा श्रम सृजन में तब्दील होकर जब फलवान् होता है तब हमारा पुरुषार्थ ही प्रकटता है। इस पुरुषार्थ को हम उत्सवी बनाते हैं और लोकगीत हमें एक सामूहिक प्रसन्नता का अवसर देते हैं। लोकगीतों में जीवन के प्रति गहन आसक्ति का भाव निहित है। यह आसक्ति एक ऐसा मूल्य है जो जीवन को जीवन बनाता है। जीवन से पलायन नहीं, जीवन के संघर्षों के बीच ही उल्लास की तलाश; होली, कजरी, दिवाली आदि गीतों में जीवन का यही आसक्ति बोध है। यह आसक्ति बोध जीवन को कर्ममय बनाता है। इन उल्लास गीतों में सामाजिकता में निहित एकात्म्य भाव भी प्रकट होता है। समाज के शोषित वर्ग को इन गीतों में विशेष महत्त्व दिया गया है। उनका स्मरण न केवल सामाजिक स्तर पर अपितु वैयक्तिक जीवन में भी इस तरह किया गया है जैसे वे हिले-मिले कुटुम्बीजन ही हों। नाईन, धोबिन, लुहार, तम्बोली आदि को सामाजिक जीवन के कर्मकार की तरह लोकगीतों में उपस्थित न करके इनको रागात्मक संवेदनों में समेट लिया गया है। यह एक ऐसा सामाजिक मूल्य है जिसमें सामाजिक वैषम्य का तिरोहण हो जाता है।

लोकगीतों में ईश्वर के प्रति श्रद्धा और आस्था भी एक तरह का मानवीय मूल्य

ही है जो धर्म और कर्मकांड कम है, पराशक्तियों में अपने कुटुम्ब-परिवार की कुशल-क्षेम का आयोजन अधिक है। कहीं सन्तान प्राप्ति की कामना, कहीं पारिवारिक समृद्धि की कामना है। ऐहिक जीवन की कल्याणकारी आकांक्षाओं का अभिव्यक्तिकरण ऐसे लोकगीतों में है। चाहे वे भगत हों चाहे बमभुलिया, चाहे कातिक गीत। पारिवारिक सन्तुलन हेतु जिस मानवीय ऊष्मा की आवश्यकता होती है—उस ऊष्मा से ये लोकगीत लबालब भरे हैं। भक्तिपरक लोकगीत में नैतिक मूल्यों का भी समावेश है। वे आचरण की शुद्धता और पवित्रता के साथ आचरण की दृढ़ता को भी उजागर करते हैं। पौराणिक और धार्मिक चरित्रों को केन्द्र बनाकर रचे गए लोकगीतों में यह एक महत्त्वपूर्ण तथ्य है कि लोकगीतकार देवता को देवता बनाकर नहीं पूजना चाहता। वह उसे मनुष्य बनाकर पूजना चाहता है। अपनी ही कद-काठी का मनुष्य बनाकर अपने ही काम-धन्धों के मुताबिक उसे जीवनचर्या प्रदान करना चाहता है। शंकर, राम, कृष्ण सभी देवता मनुष्य के समान ही जीवनचर्या सम्पादित करते हैं। लोक के संस्कार में इन सभी देवताओं को उसने आबद्ध कर लिया है। लक्ष्मी, सीता आदि की सास और ननदें वैसा ही व्यवहार करती हैं जैसा गाँव-घर की सास-ननदें व्यवहार करती हैं। पुत्र प्रसव की वेदना से सीता वैसे ही पीड़ित हैं जैसे एक सामान्य नारी। निर्वासित सीता लव-कुश को जन्म देते समय कहती हैं—"मोये आवे घनेरी पीर इते मोरो कोऊ नैंया"। यह लोकगीतकार की मानवीय मूल्यों के प्रति प्रतिबद्धता थी। लम्बे-लम्बे कथात्मक लोकगीतों में जीवन के आदर्शों को प्रस्तुत किया गया है और मनुष्य जीवन के भीतर जाने की ललक के साथ-साथ उसे संस्कार सक्षम बनाने की चेष्टा भी की गई है। संस्कारपरक लोकगीत मानव द्वारा अर्जित विश्वासों की सुरक्षा करते हैं। मनुष्य को जन्म से मृत्यु तक सामाजिक प्राणी बनाने की उद्घोषणा करते हैं। सोहर, विवाह आदि गीतों में भावनाओं के विकास के साथ-साथ व्यक्ति के सामाजिक संयोजन का भी प्रयास किया गया है।

साहित्य किसी भी तरह का हो अन्ततोगत्वा उसका श्रेय और प्रेय मानवीय मूल्य ही है। प्रत्येक युग में प्रत्येक तरह का साहित्य मानवीय मूल्यों की प्रतिष्ठा और उसकी सुरक्षा के लिए अपनी जवाबदेही का अनुभव करता रहा है। साहित्य इसीलिए जरूरी भी है। जहाँ मानव मूल्य आहत होते हैं—क्षीण होते हैं—ह्रासमान होते हैं—वहाँ साहित्य उनको अपना आधार देकर उन्हें फिर शक्ति देता है। क्योंकि साहित्य वस्तुतः आदमी के लिए है और वह मानता भी है कि आदमी के अलावा और कुछ भी इस संसार में श्रेष्ठ नहीं है। आदमी इसलिए भी महत्त्वपूर्ण है कि उसने अपने अथक संघर्षों से मानवीय मूल्यों का अर्जन किया है और देह से ऊपर उठकर भी उसने सोचा है। लोकगीतकार के भीतर जो एक दार्शनिक स्तर है इसी देहेतर अनुभव की सघनता का प्रतीक है। लोकसाहित्य भी अन्य साहित्य प्रणालियों की तरह मानवीय मूल्यों के प्रति प्रतिबद्ध है। लोकसाहित्य में मानवीय मूल्य इसलिए पर्याप्त मात्रा में विद्यमान हैं क्योंकि लोकजीवन में बहुत लम्बे अरसे तक छल-कपट का प्रवेश नहीं हुआ था। लोकजीवन में दाँव-पेंच नहीं आए थे। लोकजीवन में अतिचारी सर्वग्रासी बुद्धि का प्रवेश नहीं हुआ

था। अतः स्वाभाविक तौर पर उसमें मानवीय मूल्यों की चमक अधिक है। आज लोक में अमानवीय हस्तक्षेप बढ़ रहा है। हमारे शहरों का काई-कर्दम गाँवों के भीतर अनेक परनालों के माध्यम से घुस रहा है। परिणाम यह हो रहा है कि लोकगीत लुप्त होते जा रहे हैं। केवल लुप्त ही नहीं होते जा रहे हैं उन्हें विकृत करने का एक व्यावसायिक षड्यन्त्र भी चल रहा है। तमाम तरह के माध्यम लोकसाहित्य की विकृति में अपना सहयोग कर रहे हैं। ऐसा लोकसाहित्य जनरुचियों को विकृत कर रहा है। इस खतरे से हमें वाकिफ होना चाहिए अन्यथा बम्बईया फिल्मों की गर्हित संस्कृति का बजबजाता गलीज अमानवीय घटाटोप हमारे लोकसाहित्य में छाए बिना नहीं रहेगा। लोकसाहित्य में मानवीय मूल्यों की तलाश के साथ हमारी चिन्ताएँ लोकसाहित्य की मानवीय गरिमा से जुड़ी हुई हैं। अतः इन पर भी विचार होना और सतत विचार होना लाजिमी है।

अन्तर्सम्बन्ध

बुन्देलखंड की लोक कलाओं का अन्तर्सम्बन्ध

अंचल विशेष का क्षेत्र अपनी भौगोलिक सीमाओं में अधिक विस्तृत नहीं होता। उसकी सीमाएँ भी किसी निश्चित राजनीतिक इकाई की तरह सर्वथा स्पष्ट नहीं की जा सकतीं। केवल मोटे-मोटे तौर पर ही उसका क्षेत्र व्यक्त किया जा सकता है। जैसे बुन्देलखंड की सीमाओं का निर्धारण मध्यकाल में नदी-सीमाओं को लक्षित करके ही किया गया। "इत जमुना उत नर्मदा इत चम्बल उत टौंस। छत्रसाल सों लरन की रही न काहू हौंस।" यमुना, नर्मदा, चम्बल और टौंस नदी से घिरे क्षेत्र को बुन्देलखंड का क्षेत्र माना गया। एक और लोक प्रसिद्ध पहचान है—"भैंस बँधी है ओरछे पाड़ा चरै हुसंगाबाद। लगवैया है सागरे चपिया रेवा पार।" इस कहावत में बुन्देलखंड की नगर सीमाओं को समेटा गया है। ओरछा, सागर, होशंगाबाद और जबलपुर तक का क्षेत्र बुन्देल भूमि का क्षेत्र है। वर्तमान में उत्तरप्रदेश के झाँसी, ललितपुर, बाँदा, मध्य प्रदेश के छतरपुर, टीकमगढ़, दमोह, सागर, दतिया जिलों को मिलाकर बुन्देलखंड की भौगोलिक इकाई आकार ग्रहण करती है। बोली-बानी, आचार-विचारों में जो इस क्षेत्र में एकान्विति प्राप्त होती है—वह एकान्विति ही इसे एक अंचल विशेष के रूप में पहचान भी प्रदान करती है। यह केवल बुन्देलखंड की ही विशेषता नहीं है—यह सभी अंचलों की विशेषता है। आवागमन की दृष्टि से अवरुद्ध क्षेत्र में अंचल के बाहर के सांस्कृतिक रुझान प्रविष्ट नहीं हो पाते। अतः विजातीय तत्त्वों का समावेश ऐसे अंचलों में असम्भव रहता है। कम-से-कम उस युग में जिसमें बुन्देलखंड की वर्तमान सांस्कृतिक पहचान निर्मित हो रही थी—इस अंचल विशेष की प्रकृति लगभग एक जैसी रहती है। अतः प्रकृति के साथ मनुष्य के सहवर्ती क्रिया-कलाप भी सम्पूर्ण क्षेत्र में लगभग एक जैसे ही रहते हैं। जीवनगत आवश्यकताएँ और उनकी पूर्ति के संसाधनों में विशेष फर्क नहीं होता, इसलिए जीवन के आधार और व्यवहार में भी अधिक अन्तर नहीं आ पाता। धार्मिक-आध्यात्मिक कर्मकांड, दर्शन-विचार लगभग एक ही धुरी पर केन्द्रित होते हैं। जीवन के आनन्द-उल्लास का भी एक-सा स्रोत होता है—चूँकि उद्योग-धन्धे एक-से होते हैं, कृषि के क्षेत्र में वे ही फसलें, वे ही फल-फूल और उनका वपन-काल तथा निष्पादन-काल एक-सा ही रहता है—अतः इनके साथ जुड़े व्रत, त्योहार, उत्सव भी सभी जगह एक जैसे मनाए जाते हैं। फिर सबसे बड़ी बात है जमीन की बनावट, उसकी गुणधर्मिता और उसकी रसवत्ता, जो उस अंचल विशेष में सर्वत्र एक समान अनुग्रह और एक समान आनन्द बाँटती है—अतः जीवन शैलियों में

एकसूत्रता का होना अनिवार्य हो जाता है। बुन्देलखंड की धरती–यहाँ के उद्योग, यहाँ के व्यवहार और यहाँ के उपासना-कर्म में एकदेशीयता प्राप्त होती है–इसलिए यहाँ के विभिन्न कला-व्यवहारों में भी अन्तर्सम्बन्ध को खोजना कठिन नहीं है।

मेरा उद्देश्य प्रदर्शनकारी कलाओं–विशेष रूप से चित्रकला एवं मूर्तिकला के विभिन्न माध्यमों में प्राप्त अन्तर्सम्बन्धों को उद्घाटित करना ही है। लोक साहित्य चूँकि लोक की अभिव्यक्ति का एक सशक्त माध्यम रहा है और उससे इतर कला माध्यम भी अनुप्राणित होते रहते हैं–अतः लोक साहित्य की अनुगूँजों को भी मैंने इस अन्तर्सम्बन्ध को दर्शाने हेतु अपना अभीष्ट बनाया है। चित्रकला के लोकरूप बुन्देलखंड में मुख्यतः गोदना, ग्यारस के लिखना, मिट्टी के घड़ों पर आलेखन, संझा, चौक और विवाह के अवसर पर बनाए जानेवाले खम्भों में प्रयुक्त चित्र-कर्म हैं। बुन्देलखंड में चित्रों को लिखना तथा चतेवरी कहते हैं। इसी तरह मूर्तिकला के लिए काष्ठ प्रस्तर, मिट्टी, आटा, धातु, गोबर, शक्कर और वस्त्र के माध्यम प्राप्त होते हैं। प्रस्तर का तक्षण करके जो मूर्ति बनाई जाती है–उसे मूरत और चीरा कहा जाता है। काष्ठ, वस्त्र, गोबर, मृत्तिका, आटा और धातु की पुत्तलिकाओं को पुतरिया और मूरत संज्ञा से सम्बोधित किया जाता है। चित्रकला के लिए छुई, गेरुई, भिलमा एवं बाजार में प्राप्त होनेवाले अन्य रंगों का प्रयोग किया जाता है। सामान्यतः छुई और गेरुई का प्रयोग आमरूप से प्रचलित है। चित्रकला के लिए घर की दीवारों को आधार भित्ति के रूप में लिया जाता है। तुलसाने पर भी चित्रकारी होती है। दरवाजों के दोनों ओर की दीवार पर चित्र लिखने की परम्परा है और घर के अन्दर भी दीवारों पर चित्रकारी होती है। कार्तिक शुक्ल एकादशी को दरवाजों एवं आँगन के फर्श पर चित्रकारी की जाती है। प्राचीन किलों के मेहराबों, छतों और खम्भों पर चित्रकारी के नमूने उपलब्ध होते हैं। आदिम चित्रकला के नमूने बुन्देलखंड की शैलमालाओं मध्य स्थित शैलाश्रयों में प्राप्त होते हैं। मन्दिरों तथा अन्य देवालयों में भी चित्रकला के ही नमूने हैं। व्यवसायी चित्रकार इस क्षेत्र में मोची नाम से जाने जाते हैं। गाँवों में स्त्रियाँ चित्रकला में दक्ष होती हैं। मूर्ति को धातु माध्यमों में ढालनेवाले तमेरे, सुनार, लुहार आदि हैं। काष्ठ मूर्तियों और काष्ठ कला से बढ़ई सम्बन्धित है। मृत्तिका-कला से कुम्हारों का सम्बन्ध है। धातु माध्यमों में देवी, देवता, भूतप्रेत एवं ऐतिहासिक पुरुषों की आकृतियाँ मुख्य हैं। थलचर, नभचर और जलचर प्राणियों की भी मूर्तियाँ गढ़ी जाती हैं। मृत्तिका के मृद्भांडों के साथ-साथ विशेष व्रत-उपवासों के अवसर पर देवी-देवता, हाथी-घोड़ा आदि का सृजन होता है। मूर्तिकला में शक्कर के खिलौने शायद बुन्देलखंड की विशेष पहचान को रेखांकित करते हैं। इन खिलौनों को गड़िया घुल्ला कहा जाता है। आटा और गोबर की पुतलियों का निर्माण भूतप्रेत की पूजा, अनुष्ठान तथा विवाह आदि में गणेश बनाने के लिए किया जाता है।

इन सभी माध्यमों में एक विशेष तरह का अन्तरावलम्बन प्रत्यक्ष होता है। यह अन्तरावलम्बन क्षेत्रगत मानवीय प्रकृति के एकात्म्य को ही प्रदर्शित करता है। मनुष्य का पहला और स्थायी सम्पर्क प्रकृति से ही रहा है। एक तरह से मनुष्य भी प्रकृति का

एक अनिवार्य हिस्सा है। प्रकृति में बुन्देलखंड के इन सभी कला-माध्यमों ने अपनी इकसार उपस्थिति में दर्ज कराया है। लोक-काव्य में प्रकृति के बदलते रूप-रंगों का विवेचन सूक्ष्मता से किया गया है। बदलती ऋतुछवियों को मानवीय भावनाओं के अनुरूप प्रायः बारहमासा के अन्तर्गत प्रकाशन प्राप्त हुआ है। बुन्देलखंड में बारहमासा लोक काव्य का व्यापक प्रचार-प्रसार है। सावन-भादों की झड़ी, प्रकृति का हरापन, बादलों का गर्जन-तर्जन है तो पूष-माघ के पाला को भी कवि भूल नहीं पाया है। फागुन और चैत में विहँसता जंगल, वैशाख और जेठ में सूखती नदियाँ और नाले प्रकृति के व्यापक दृश्य चित्रण हैं। मोर, पंखी, कोयल, हिरन, गाय, चिड़िया, आम, पीपल, नीम, पहाड़, नदी, कुंज, कुआँ, बाँस, गैल, घाट, हाथी, घोड़ा, ऊँट आदि को काव्य में प्रकृति की तरह उसके अंग के रूप में चित्रित किया गया है। ''ने मानों गगरी धर राखो लिखे हैं परेवा मोर'', ''उड़ आऊती चारऊ देगस चिरैया होती राजा'', ''दिन की ऊंगन किरन की हेरन सूरज सामू दौर हो माँ, हिरन नदिया मोय बैरन हो गई'', ''हरे बाँस मंडप छाए, मैया के रोएँ बेलाताल हो'' आदि कथनों में प्रकृति ही के इन्हीं उपादानों का स्मरण है। चित्रकला में भी प्रकृति की ऐसी ही उपस्थिति मिल जाती है। घर की दीवारों पर पंख पसारे मयूर की आकृति को गाँवों में खूब देखा जा सकता है। मयूर का अंकन प्रायः जोड़ी में होता है। बीच में एक गमला या विरछा या खिला हुआ फूल। इसके आजू-बाजू नाचते मयूरों का चित्रांकन एक आम चित्र है। मयूरों की यह छवि गोदनों में भी इसी प्रकार प्राप्त होती है। लोकगीतों में बाँस और लताओं का विवेचन सन्तति की गतिशीलता-वंशवृद्धि के रूप में किया गया है। एकादशी के चित्रों में लता या बेल का चित्रण इसी भाव को परिलक्षित करता है। लताओं का चित्रण चौखटों के आजू-बाजू में प्रदर्शित होता है। लताओं के चित्रण हेतु अँगुलियों को एक विशेष क्रम में आगे बढ़ाया जाता है। दो या तीन अँगुलियाँ रंगों में भिंगो ली जाती हैं। फिर तनिक दूरी तक दोनों अँगुलियों को समानान्तर क्रम में बढ़ाया जाता है। इस तरह दो समानान्तर रेखाएँ खिंचती जाती हैं– फिर एक अँगुली को क्षैतिज आधार में सीधा चलाया जाता है। इसके चलते दूसरी अँगुली उठा ली जाती है। आड़ी लकीर पर फिर दोनों अँगुलियाँ कुछ दूर तक समानान्तर चलती हैं। यह क्रम दाएँ-बाएँ चलाया जाता है–और बेल बढ़ती जाती है। लोकगीतों में केशर की क्यारियों जैसे सीमांकन यहाँ के चित्रों की शोभा बढ़ाते हैं। चन्दा-सूरज भी बार-बार लोकगीतों में स्मरण किए जाते हैं। चित्रकला में प्रायः दरवाजे के आजू-बाजू चन्दा-सूरज बनाए जाते हैं। हिरन को लोकगीतों में खूब याद किया गया है। ''ठाढ़ी हिरनी बन में बिसूरे''। गोदना में हिरन की अपनी आकृति है। गोदना एक तरह से आदिम चित्रकला की विशिष्ट प्रवृत्ति है, अतः इसमें आदिम रेखांकन ही सुरक्षित हैं। इनमें आकृतियाँ सम्पूर्णतः अपनी हूबहू शक्ल में नहीं रहती हैं। इन आकृतियों के संकेत चिह्न ही प्रतीकवत सम्पूर्ण आकृति का बोध कराते हैं। हिरण के सींग और पाँव के प्रतीकात्मक रूप गोदना में उकेरे जाते हैं। मृद्भांडों में जो बेल-बूटे बनाए जाते हैं उनमें भी परेवा, मोर और बेलबूटे मुख्य होते हैं। गोदना भित्ति चित्र एवं मृद्भांडों के चित्रों में रेखांकनों

की एक जैसी लय, एक जैसी गोलाइयाँ और एक जैसी प्रतीकात्मकता प्राप्त होती है। इनमें बनाए गए कोणों में भी एक सी उठान है। प्रकृति चित्रांकनों में फूल के रेखांकन भी एक जैसे हैं।

इन तीनों तरह के चित्रांकनों में घरेलू वस्तुओं का संसार भी एक जैसा है। नसैनी, घिनौची, सूप-सुपली, मूसल, बुहारी, टिकटी, हल, बखर, बाँसुरी, मुकुट, लोटा, थाली, चटाई, चूल्हा आदि का चित्रांकन अपनी घर-गृहस्थी की स्मृति-संरचना है। लोकगीतों में भी घिनौची, नसैनी, सूप-सुपली का जिक्र है। सोहर और बन्ना लोकगीतों में गृहस्थी की इन वस्तुओं का प्रासंगिक स्मरण है। जन्म और विवाह दोनों ही जीवन की गार्हस्थिक अनुभूति को प्रबलता से बढ़ाते हैं। अतः इन चीजों को इन लोकगीतों में महत्त्व प्रदान किया गया है। गोदनों में प्रायः हथेलियों के ऊपर घिनौची को गोदा जाता है। अनेक छोटे-छोटे वृत्तों से घिनौची निर्मित होती है। घिनौची उस चबूतरे को कहा जाता है जिस पर पानी के घड़े रखे जाते हैं। एकादशी के चित्रों में नसैनी, बुहारी, चटाई को चित्रित किया जाता है। हल, बखर, बैल, सूप-सुपली कृषि-संस्कृति के सह प्रतीक हैं। इन प्रतीकों का चित्रांकन बुन्देलखंड में किया जाता है। मध्यकालीन भक्ति आन्दोलन ने बुन्देलखंड के भावना जगत् को स्पर्श किया था। हजारों लोकगीतों में कृष्ण की लीलाओं का गायन प्राप्त होता है। चित्रकला में भी कृष्ण की लीलाएँ सुरक्षित हैं। गोदना में कृष्ण का मुकुट और मुरली प्रतीक के रूप में लिए गए हैं। श्रीकृष्ण जन्माष्टमी के अवसर पर कृष्ण की लीलाओं का चित्रण दीवारों पर किया जाता है। अब कागज के छापे पर सुलभ हैं। इसलिए इन चित्रांकनों की कमी होती जा रही है। किन्तु जब इनका अभाव था तब नागनथैया और चीरहरण लीला जैसे प्रसंग चित्रों में उकेरे जाते थे। इन चित्रों में मध्यकालीन राजपूत शैली का महत्त्व था। विवाह के अवसर पर मोची दीवार पर जो चित्रकारी करते हैं—उनमें चौबीस अवतारों में से कुछ अवतारों का आरेखन होता है। चौखट पर गणेशजी की मूर्ति को तराशा जाता है। सातिया और कलश भी दीवारों पर लिखे जाते हैं। सातियों की छोटी-छोटी आकृतियाँ गोदनों में भी प्राप्त होती हैं। प्रायः पिंडली पर गोदे गए गोदनों में सातिया को महत्त्व दिया जाता है। चौक को पूरने और माड़ने में भी सातियों की आकृति का प्रयोग किया जाता है। तान्त्रिक रेखांकनों का बुन्देलखंड में अभाव है। एक विशेष चित्र-रचना एकादशी के चित्रों में प्राप्त होती है। पगतलों के चित्रों की एक लम्बी श्रेणी—यह सम्भवतः पूर्वजों की स्मृतियों का अंकन है। लोकगीतों में भी इस तरह के दार्शनिक चिन्तन की ओर संकेत किया गया है। ''रतन जतन को पींजरा जामें पंछी करत कलोल, टँगों कदम की छैयाँ-उड़ जाए आकाश जहाँ अन्न ने पानी।'' आत्मा का यह पक्षी उड़ जाता है और छोड़ जाता है—अपने स्मृति चिह्न अपने पगतलों के रूप में।

मूर्तिकला की साज-सज्जा में भी चित्रकला के बेलबूटे उपलब्ध होते हैं। चित्रों में प्राप्त मानवाकृतियों और मूर्तिकला में प्राप्त आकृतियों में साम्य है। लम्बी आँखें, उभरे गोल गाल, लम्बी सुतवाँ नाक, पुष्ट कन्धे और सुडौल अँगुलियाँ दोनों माध्यमों में एक

से हैं। गोदना में प्राप्त पुतरियाँ तनिक भिन्न हैं। ये प्रतीक प्रधान व्यक्ति चित्र हैं। इनमें अंगों का स्थूल प्रत्यक्षीकरण नहीं है। चेहरों की प्रतीक संरचना है त्रिकोण बनाते तीन गोले मानव के धड़ को रूपायित करते हैं। इनमें से निकाली गई रेखाएँ हाथ-पाँव को व्यक्त करती हैं। कहीं-कहीं त्रिकोण के माध्यम से ही व्यक्ति चित्र बनाए गए हैं। गोदनों में चित्रकला की वही प्रवृत्ति जीवित है जो यहाँ के शैलाश्रयों में आदिम चित्रकला के रूप में उलटाकर उनके शीर्ष कोणों के मध्यमिलन बिन्दु को कोटि के रूप में और दोनों त्रिभुजों की आधार रेखाओं को कन्धों और जाँघों के रूप में चित्रित किया गया है। ऊपर के त्रिकोण आधार पर तीन छोटे गोले सिर बनाते हैं और नीचे के त्रिकोण आधार में दो रेखाएँ नीचे खींचकर पाँव बनाए गए हैं। ऐसे रेखाचित्र दमोह जिले के हटा नगर के समीप फतेहपुर ग्राम के शैलाश्रय में मिलते हैं। लगभग इसी शैली में गोदनों में पुतरियाँ गोदी जाती हैं। ऐसी व्यक्ति आकृतियाँ अधिकतर सती के चीरों में प्राप्त होती हैं। कपड़े से बनाई गई पुतरियों और मिट्‌टी से बनाई पुतरियों में समानता है। इन पुतरियों का सृजन गोलाइयों से होता है। सामान्यतः एक बड़ा गोला धड़ का निर्माण करता है और छोटा गोला सिर का निर्माण करता है। यह प्रवृत्ति दीपावली के दूसरे दिन पूजे जानेवाले गोवर्द्धन के निर्माण में भी परिलक्षित होती है। गोवर्द्धन गोबर से बनाए जाते हैं। गोवर्द्धन के बड़े गोले के हाथ-पाँव निकाले जाते हैं। इसी बड़े गोले में आजू-बाजू में घिनौची बनाई जाती है। इन घिनौचियों में दूध भरा जाता है। यहाँ के भित्ति चित्रों में मानवाकृतियों का सृजन इन दोनों शैलियों में प्राप्त होता है। हस्तलिखित प्राचीन पोथियों और वास्तु शिल्पों में जो मानवाकृतियाँ चित्रित की गई हैं—वे मध्यकालीन कमलों से प्रभावित हैं—इनमें राजपूत चित्र शैली का प्रभाव परिलक्षित होता है। संझा चित्रों में उकेरे गए व्यक्ति-चित्र में त्रिकोण का अधिक सहारा लिया गया है। इन चित्रों में रेखाएँ प्रतीकात्मकता की ओर अधिक झुकी हैं। नारियों और पुरुषों के घाघरों और अँगरखों का जो चित्रण प्राचीन किलों की भित्तियों पर एवं पोथियों के पृष्ठों पर हुआ है—वैसा ही चित्रण कविता में भी हुआ है। लोकगीतों में वर्णित वस्त्र और अंगों का आकार चित्रकला और मूर्तिकला के अन्तर्विन्यास से मेल रखता है—यह अन्तर्विन्यास मध्यकालीन कलाओं में सर्वाधिक है।

बुन्देलखंड का लोक अपनी अनुभूतियों की अभिव्यक्तियों में कहीं-कहीं एकदम निरावृत्त होकर आचरण करता है। काम-कुंठाओं के विसर्जन का यह एक मार्ग हो सकता है। विवाह के अवसरों पर स्त्रियाँ जो गीत गाती हैं—उनमें रति-क्रियाओं का खुलकर चित्रण होता है। स्त्री पुरुषों के जननांगों का वर्णन इन लोकगीतों में आम-बात है। होली के अवसर पर भी पुरुषों द्वारा ऐसे ही गीत प्रस्तुत किए जाते हैं। ऐसे अवसरों पर ये गीत अश्लील नहीं माने जाते। काम-कुंठाओं के विर्सजन का यह भाव अन्य कला माध्यमों में प्राप्त होता है। खजुराहो का प्रस्तर-उत्कीर्ण मूर्तियाँ इसका अनुपम उदाहरण है। काष्ठशिल्प में ऐसे चित्र उस पालकी पर भी उकेरे जाते रहे हैं—जिसका प्रयोग वर-वधू को बैठाने के लिए किया जाता था। होली के अवसर पर दीवारों पर बनाई गई

मृत्तिका आकृतियों में पुरुष के जननांग का उत्थित रूप प्रदर्शित किया जाता है। ऐसी मृदा आकृतियाँ प्रायः स्त्रियों द्वारा निर्मित होती हैं। विवाह के अवसर पर आटा से बनाई गई मूर्तियों में भी ऐसा विधान मिलता है। बुन्देलखंड में विवाह के अवसर पर वर और कन्या के घरों को एक-दूसरे के यहाँ से पकवान और मिठाइयाँ भेजी जाती हैं। जिस पात्र में ये रखी जाती हैं–उसे टिपारा कहते हैं। इसे समरौटी कहा जाता है। पकवान के साथ आटा का एक पुरुष बनाकर रखा जाता है। इस पुरुष का जननांग लाल मिर्च खौंसकर बनाया जाता है या फिर आटा से ही उसका रूप बनाते हैं। आटा की वह आकृति समधिनों के बीच हास्य-विनोद का वातावरण निर्मित करती है और अशुभ का तिरोहण भी करती है। अवदमित कामभावना का निस्सारण करती ये कलाकृतियाँ बुन्देलखंड की अपनी तरह की लोकवृत्ति की परिचायक हैं।

धार्मिक प्रयोजनों के लिए गढ़ी गई धातुमूर्तियों में प्रायः अवतारों के लीला-वपु ही प्राप्त होते हैं। इन लीला-वपुओं का विवेचन कविता में जिस तरह से किया गया है–वैसा ही इनको धातु-कलाकारों ने भी आकार प्रदान किया है। पौराणिक आकृतियाँ कविता एवं चित्रकला में ठीक इसी तरह विद्यमान हैं–जैसी मूर्तिकला में प्राप्त होती हैं। इन प्रयोजनवाली कलाओं में पौराणिक आख्यानों का ही अन्तर्ग्रन्थन प्राप्त है। गणेश की मूर्ति अक्सर गोबर से ही बनाई जाती है। इस मूर्ति में गणेश की प्रतीकात्मकता ही अधिक रहती है। शक्कर से निर्मित गड़िया घुल्ला में भी देवता की मूर्ति ढाली जाती है, किन्तु इसके नाम से ही विदित होता है कि ये शक्कर के घोड़ों से सम्बन्धित शब्द है। मिट्टी की मूर्तियों में दीवाली पर दीया धारण करनेवाली मूर्तियाँ, लक्ष्मी, सरस्वती की मूर्तियाँ निर्मित होती हैं। ये मूर्तियाँ चित्रों की अनुकृति के आधार पर ही निर्मित होती हैं। हर गौरी की मृत्तिका मूर्तियों का जो विवेचन लोक काव्य में है–वही हरतालिका पर बनाई गई मूर्तियों में प्रत्यक्ष होता है। वीर पुरुषों में हरदौलजू की मूर्ति बनाई जाती है। यह मूर्ति भी लोक काव्य में वर्णित शरीर सौष्ठव के आधार पर बनाकर निर्मित की जाती है।

बुन्देलखंड की कलाओं के अन्तर्सम्बन्धों का अध्ययन एक विस्मयकारी आनन्द देनेवाला है। इस अध्ययन को लोक नाट्य और लोक संगीत तक भी विस्तारित किया जा सकता है। कलाओं का यह अन्तर्सम्बन्ध एक तरह के अन्तर्कला सन्दर्भों का संवाद भी है। यह संवाद हमारी सामाजिक संस्कृति के अनेक रूपों को उद्‌घाटित करने में भी समर्थ हो सकता है। साथ-ही-साथ सामाजेतिहासिक तथ्यों की सूक्ष्म पड़ताल करने में भी सहायक सिद्ध होगा।

बुन्देली लोकगीतों पर संस्कृत परम्परा का प्रभाव

सामाजिक विकास के मूल में सांस्कृतिक चेतना की ऊर्जा का ही उत्पादन होता है। यह सांस्कृतिक ऊर्जा विभिन्न सांस्कृतिक परिवर्तों का उद्बोधन करती हुई आकृतिवान होती है। सांस्कृतिक सम्मिश्रण के अन्तर्गत विचारों, भावों, वृत्तियों एवं जातीय स्मृतियों का निरन्तर नूतन आकल्पन होता रहता है। यह पुनराविष्कार ही समाज की गतिशीलता को अक्षुण्ण बनाए रखने में सतत क्रियाशील होता है। पुनराविष्कार की प्रक्रिया में लोक और आभिजात्य की क्रिया-प्रतिक्रिया का प्रभाव ही प्रत्यक्ष होता है। आभिजात्य अपनी एक विशेष स्थिति में पहुँचकर जड़ होने लगता है—अपनी जड़ीभूत प्रकृति से वह लोक सम्पर्क द्वारा मुक्त होता है। लोक के नैसर्गिक आचरण में आभिजात्य अपनी तरोताजगी के लिए लोक के रस-कुंड में स्नात होता रहता है। लोक भी आभिजात्य के संसर्ग से अछूता नहीं रहता। आभिजात्य के प्रति लोक की ललक अधिक ही होती है। लोक आभिजात्य के गुण-धर्म को अपनाकर अपनी सीमाओं का विस्तार करता है—और एक वृहत्तर संसार में संस्थापित होता है—साथ ही अपनी उच्च अभिलाषाओं की प्रतिपूर्ति भी वह इस संसर्गजात अभिक्रिया के माध्यम से सम्पन्न करता है। सम्भवतः लोक आभिजात्य से जितना प्रभावित होता है—उतना आभिजात्य लोक से नहीं ! यद्यपि दोनों की अभिप्रेरणाएँ सामाजिक विकास के ताने-बाने में छिपी हुई हैं।

भारतीय समाज की संरचना में तो यह तालमेल हजारों वर्षों से ही सक्रिय है। नगरीय जीवन पद्धति का प्रवाह धुर गाँवों तक पहुँचता रहा और गाँव भी कमोबेश नगरीय चाकचिक्य से ग्रस्त होते रहे हैं—अनुकरण के लिए केन्द्रीय जीवन पद्धति प्रायः नगर वृत्तों में ही अन्वेषित की गई है। संस्कृत भाषा लम्बे काल तक इस देश की केन्द्रीय भाषा रही है। दरअसल संस्कृत भाषा और उसका साहित्य भारतीय सांस्कृतिक चेतना का पर्याय रहा है। संस्कृत ने नगर परिवेश और ग्राम परिवेश के बीच निरन्तर संवाद की स्थितियों को कायम रखा है। इसलिए संस्कृत अपनी जड़ों में लोकव्यापिनी प्राण शक्ति को समाहित किए हुए है। संस्कृत सदैव समग्रता की तलाश में अपने को केन्द्रापसारी शक्तियों से लैस करती रही है। हर प्रक्रिया के अन्तर्गत संस्कृत का सम्प्रसारण लोकांचलों तक रहा है। लोक संस्कृत के माध्यम से अपने को उच्चानुभूतियों में मंडित करता रहा है। लोक के आचार-व्यवहार की दिशा का निर्धारण संस्कृत की नियामक शक्तियाँ करती रही हैं और लोक तथा नगर के मध्य एक तद्भवी जीवन

पद्धति विकसित होती रही है। बुन्देलखंड में सम्पूर्ण मध्यकाल इसी तद्‌भवी संस्कृति का परिपोषण करनेवाला रहा है। बुन्देलखंड के अधिकांश राजे-रजवाड़े अपने राजदरबारों में संस्कृत पंडितों के प्रश्रय प्रदाता रहे हैं। संस्कृत पंडितों के अँगुलि-निर्देशों पर ही उनके तमाम धार्मिक, सामाजिक और सांस्कृतिक अभियोजन सम्पन्न होते रहे हैं। राज-केन्द्रों से अपसरित यह अभियोजन अभिक्रिया ग्राम प्रधान तक प्रवर्तित हुई है—और ग्राम-प्रधान से सम्पूर्ण ग्रामीण परिवेश में इसका अभिव्याप्तीकरण सम्भव हुआ। लोक और संस्कृत प्रसूत आचरणों का मिला-जुला संसार आज के बुन्देलखंड में अपशिष्ट है।

पर्वों, तीज-त्यौहारों और संस्कारों में लोक मान्यताओं पर संस्कृत की गहरी छाप है। विवाहादि से सम्बन्धित कर्मकांडीय आयोजनों में वैदिक संस्कृत की संस्कारक्षम परम्पराओं को लोक-जीवन ने कुशलता के साथ आत्मसात कर लिया है। पुरोहित और ग्राम-प्रधान ग्रामीण समाज की नीति निर्देशक शक्तियाँ रहे हैं—इनका हस्तक्षेप लोक-जीवन की समस्त परम्पराओं में परिलक्षित होता है। यह हस्तक्षेप संस्कृत जीवन पद्धति का ही है। किन्तु लोक ने इसे हस्तक्षेप न मानकर अपने उच्चतम विकास की तरह स्वीकार किया है। संस्कृत जीवन पद्धति के श्रेष्ठतम मूल्यों को बुन्देली लोक ने अभिगृहीत किया है। अभी भी समस्त संस्कारों में पुरोहित की आवश्यकता एक धार्मिक अनुष्ठाता के रूप में अनुभव की जाती है और पुरोहित के पास संस्कृत का ही अमोघ बल रहता है। लोक की विच्छिन्न स्थितियों को संस्कृत की केन्द्रीभूत शक्ति ने इसी आधार पर एकसूत्रता प्रदान की है। बुन्देलखंड, छत्तीसगढ़, बघेलखंड, मालवा प्रभृति अंचल खंडों की लोक संस्कृति के भीतर निहित एकसूत्रता का अन्तर्निवेश संस्कृत प्रभावित अनुष्ठान पद्धतियों से ही सम्भव हुआ है। लोक की एकांतिकता को संस्कृत ने व्यापक किया है। तोड़ा है। बुन्देलखंड की जातीय स्मृतियों में संस्कृत परम्पराओं की झलक सर्वत्र प्राप्त होती है। आदिवासी क्षेत्रों में लोक संस्कृति का तद्‌भवीकरण उतना नहीं हुआ है जितना बुन्देलखंड के परिवेश में प्रकट होता है। आभिजात्य जीवन सम्पर्कों की सघनता का ही यह परिणाम है।

बुन्देली में तद्‌भव शब्दों का वृहत भंडार है। संस्कृत भाषा से आयातित हजारों शब्द बुन्देली में प्रगृहीत हैं। आज जीवन के रोजमर्रा से सम्बन्धित शब्दावली संस्कृतजात है। अधिकांश शारीरिक अवयवों, घर-गृहस्थी के सामानों, दिनों, तिथियों, महीनों, सम्बन्धों, क्रियाओं, कार्य-व्यापारों से सम्बन्धित बुन्देली बोली में संस्कृत शब्दों का ही प्राचुर्य है। वनस्पतियों, ग्राम नामों, परिगणनाओं, सम्बोधनों आदि में भी संस्कृत का प्रभूत प्रभाव है। जम्बू जामुन बन गया औदुम्बर ऊमर हो गया। श्री गौरपुर नामक ग्राम अब सकौर हो गया। कभी का आम क्षेत्र आम खेड़ा नाम से जाना जाता है। कभी के कूर्च बन्धकः अब कुचबंधिया के रूप में विख्यात हैं। विभिन्न कर्मकार जातियों के सूचक नामों में संस्कृत शब्द परम्परा ही क्रियाशील है। यथा तमेरे, सुनार, पटवा आदि के मूल शब्द संस्कृत से ही ग्रहण किए गए हैं। व्यक्ति नामों में भी संस्कृत परम्परा से ही नामों का अधिग्रहण किया गया है। इस तरह बुन्देली का शब्द संसार संस्कृत प्रभाव से मुक्त

नहीं है। बुन्देली में देशज शब्दों का इसीलिए अभाव प्राप्त होता है। तत्सम शब्दावली भी नाममात्र को है। यद्यपि बोलियों में तद्भव शब्दावली का प्राधान्य रहता है, किन्तु अन्य अंचलगत बोलियों की अपेक्षा बुन्देली का स्वरूप अधिक तद्भवीकृत है।

बुन्देली लोक साहित्य में भी संस्कृत के प्रभाव को परिलक्षित किया जा सकता है। लोक कथाओं, कहावतों, मुहावरों और लोकगीतों में यह प्रभाव कहीं पूर्णतः और कहीं आंशिक है। लोक कथाओं का विषयवस्तु पर संस्कृत भाषा और आभिजात्य शैली और आभिजात्य निरूपण का पर्याप्त प्रभाव है। ऐसा प्रतीत होता है कि बुन्देली की अधिसंख्यक लोक कथाएँ बहुत बाद की संरचनाओं के राजा, रानी, राजदरबार, आखेट, रहस्य, इन्द्रजाल आदि की उपस्थिति संस्कृत कथा परम्परा से ही उद्गृहीत हैं। लोक कथाओं में नायक और नायिका की अवधारणाएँ संस्कृत की नायक-नायिका अवधारणा से भिन्न नहीं हैं। बुन्देली की धार्मिक विश्वासों से ओतप्रोत कथाएँ संस्कृत की पुराण-कथाओं के प्रभाव से ओतप्रोत हैं। ये लोक कथाएँ विभिन्न व्रत-उपवासों के अवसर पर स्त्रियाँ कहती-सुनती हैं—कभी-कभी पुरोहित भी ऐसी कथाओं का कहैया होता है। फलश्रुति माहात्म्य, दैवीय संयोग, अद्भुत का वर्णन और सुखात्मक समापन की संयोजना संस्कृत के पौराणिक प्रसंगों का स्मरण करानेवाले कथा-तत्त्व हैं। गा से सम्बन्धित लोक कथाओं पर पंचतन्त्र और हितोपदेश का आंशिक प्रभाव है। 'गा' वे लोक कथाएँ हैं—जिनमें नीति उपदेश बौद्धिक चातुर्य और समस्यामूलक जिज्ञासा वृत्ति समाहित है। बुन्देलखंड में 'गा' गाथा का ही परवर्ती रूप है गाथा-गाहा-गा ! लोक कथाओं में जो मध्यकालीन जीवन दर्शन अवबोधित होता है—उस पर संस्कृत साहित्य का खूब प्रभाव है।

बुन्देली लोकगीतों पर संस्कृत साहित्य की विषवस्तु से लेकर शिल्प शैली तक का प्रभाव है। लोकगीतों में पुराण प्रसंगों की सम्पूर्ण कथा-चेतना का समावेश अनेक चरितमूलक आख्यानों में स्पष्ट है। रामवृत्त, कृष्णवृत्त और दुर्गावृत्त से सम्बन्धित बुन्देली लोकगीतों में संस्कृत कथासूत्रों की विद्यमानता है। प्रायः ऐसे लोकगीतों में कथा की बाह्य भित्तियाँ संस्कृत कथा-प्रसंगों से निर्मित हैं, जबकि इन कथा रेखाओं के बीच रचित प्रसंगों में लोक की अपनी कल्पना दृष्टि और अपनी जीवन शैली निहित है। शंकर-पार्वती के विवाह गीतों में नाईन को नेग देने के लिए शंकर द्वारा बिच्छू और सर्पों को उसकी झोली में उड़ेल देना लोकाचार की एक विशेष परम्परा का संकेत है—यह प्रसंग लोक ने अपने मनोरंजनार्थ अपनी कल्पना प्रबलता से ही रच लिया है। ऐसे अनेक प्रसंगों की अवतारणा में लोक ने संस्कृत कथा नायकों में हुलिए को भी बदल डाला है। शंकर को भाँग-गाँजा का सेवन करानेवाला लोक पार्वती को उनकी इस आवश्यकता में भी सहयोगिनी बना देता है। "भोला गाँजों पिएँ दिनरात—गौरा लम्बी चिलम लएँ हात।" राम विवाह में भोजन का विवरण लोक की रसोई से सम्बन्धित है—किन्तु सम्पूर्ण नियमबद्धता संस्कृत कथानक पर ही आधारित है। नीति और वैराग्यपरक बुन्देली लोकगीतों पर उपनिषदों का प्रभाव है। कहीं-कहीं गीता और श्रीमद्भागवत भी इन गीतों

में ध्वनित होने लगती है। ''रतन जतन को पींजरा रे–टँगों कदम की छैयाँ–जामें पंछी करत किलोल–उड़ जाए आकाश जहाँ अन्न ने पानी।'' 'द्वार सुपर्णा सयुजा सखाया' का स्मरण दिलानेवाली पंक्तियाँ हैं। ऋतु-वर्णनपरक लोकगीतों में संस्कृत की वर्णन शैली को कहीं-कहीं अत्यन्त विद्वत्ता से बुन्देली लोक में समाहित किया है जैसे–वसन्त के इस वर्णन में संस्कृत की विद्वता ही झाँकती है–''दिन ललित वसन्ती आन लगे। रवि के नथ ठहरान लगे।'' संस्कृत के साँग रूपकों का प्रभाव बुन्देली लोकगीतों में लोक कवि की कल्पना प्रवणता को तो उजागर करता ही है–उसकी बहुश्रुत होने की विशेषता को भी अभिव्यक्त करता है। बुन्देली की बहुत प्रसिद्ध फाग है–''बखरी रैयत हैं भारे की। दई पिया प्यारे की। वे बन्देज बड़ी वे बाजा बिना कुची तारे की।'' सम्पूर्ण फाग में किरायेदार की स्थिति का चित्रण अत्यन्त कुशलता से किया गया है–देह रूपी बखरी का जो रूपक बाँधा गया है वह संस्कृत परम्परा से ही प्रेरित है।

बेटी की विदा पर प्रस्तुत किए जानेवाले लोकगीतों में बेटी को विदा करते हुए माता-पिता की भावनाएँ–''कच्ची ईंट बाबुल देहरी न धरियो–बेटी न दईयो परदेश मोरे लाल ! गैला में मिले गए बनके वरेदी हमरो सन्देशी लएँ जाव मोरे लाल। हमरे खेलत की धरीं हैं पुतरियाँ धरीं हैं–जुमना में दईयो बहाय मोरे लाल ! माता के रोएँ गंगा बहत है–बाबुल के रोएँ बेला ताल मोरे लाल ! भईया के रोए छतियाँ फटत है–भाभी जीयरा कठोर मोरे लाल !'' में माता के रोए गंगा बहत है–बाबुल के रोए बेला ताल–जैसी पंक्ति सुनकर बरबस कालिदासकृत 'अभिज्ञान शाकुन्तलम्' के वे श्लोक याद आ जाते हैं–जो शकुन्तला को ससुराल विदा करते समय कण्व ऋषि के मुख से निःसृत हो उठते हैं। इस लोकगीत में आगे बेटी को उपदेशित भी किया जाता है। ससुराल में उसे कैसे रहना है ! उसका अपने श्वसुर और अपनी सास के प्रति कैसा व्यवहार होना चाहिए आदि की चर्चा बिल्कुल उसी तरह की गई है–जैसे कण्व के उद्‌गारों में समाहित है।

संस्कृत में षड्ऋतु वर्णन की परम्परा 'ऋतुसंहार' जैसे ग्रन्थों में उपलब्ध होती है। बुन्देली लोकगीतों में बारहमासा की परम्परा विद्यमान है। यह परम्परा षड्ऋतु वर्णन से ही विकसित हुई है। किन्तु बुन्देली लोकगीतों में बारहमासा वर्णन की विषयवस्तु संस्कृत ऋतु वर्णन परम्परा से तनिक भिन्न है। बुन्देली लोकगीतों में जितने भी बारहमासा हैं–वे प्रायः वियोग अनुभूति प्रधान हैं। प्रत्येक महीने की बदलती प्रकृति का विरहिणी नायिका के मन पर किस तरह का प्रभाव पड़ता है ? इसी बदलते प्रभाव की चर्चा अक्सर बारहमासा में मिलती है।

''बैठी सोच करें राधा प्यारी जू। तजि गए कृष्णमुरारी जू !
लगौ अषाढ़ झड़ी अति लागी
बिजली चमके सुलगे आगी
घिर आई अँधियारी जू–तजि गए कृष्ण मुरारी जू।''

संयोग शृंगार से सम्बन्धित बारहमासा क्वचित ही प्राप्त होते हैं। राधा-कृष्ण के संयोग पक्ष को लेकर रचे गए बुन्देली लोकगीतों में 'गीत गोविन्द' की झलक कहीं-कहीं

दृष्टिगोचर होने लगती है। एक लम्बे बुन्देली लोकगीत में कृष्ण गोदना गोदनेवाली का वेश धारण करके राधा के घर जाते हैं। राधा की हथेलियों पर, राधा की पिंडलियों पर यहाँ तक कि राधा के उरोजों पर स्त्रीवेश धारी कृष्ण गोदना गोदते हैं–और राधा प्रेमपूर्वक ये गोदने आरेखित करा लेती है–लोकगीत की प्रारम्भिक पंक्तियों में इस प्रसंग को साकार किया गया है–"बन गए नन्दलाल लिलहारी। गोदना गुदवा लो प्यारी।" लिलहारी गोदना गोदनेवाली को कहते हैं। फिर कृष्ण अनेक मुद्राओं में राधा का स्पर्श करते हैं।

भगत गीतों में दुर्गा के विभिन्न रूपों की विवेचना हुई है। दुर्गा के कुछ रूप तो संस्कृत परम्परा से ही गृहीत हैं किन्तु कुछ ऐसे भी हैं–जो शुद्ध रूप से लोक मन की उपज हैं। दीवारी और सैरा लोकगीतों के छन्द संस्कृत छन्द परम्परा से प्रभावित हैं–दो चरणों के ये छन्द यद्यपि दोहा छन्द के समीप हैं, किन्तु कहीं-कहीं द्विपदी श्लोकों में छन्द-दर्शन होने लगते हैं। यद्यपि बुन्देली लोकगीतों की परमपरा का प्रभूत अंश प्राकृत और अपभ्रंश के गीतों से प्रभावित है किन्तु संस्कृत से भी इन गीतों ने अपने लिए अनेक स्तरों पर कुछ-न-कुछ ग्रहण किया है। यह परम्परा बुन्देली में सीधे-सीधे नहीं दिखती–लोकगीतकारों ने संस्कृत कविता की परम्परा को आत्मसात् करने के बाद उसे अपनी अभिव्यक्ति का आधार बनाया है–इसलिए संस्कृत परम्परा की झलक बुन्देली लोकगीतों में झिलमिलाती है।

साहित्य के लोक सन्दर्भ

मैथिलीशरण गुप्त के काव्य में लोक-तत्त्व

लोक भारतीय जीवन की असल पहचान है। भारत की आबादी का बहुत बड़ा हिस्सा आज भी लोक के स्तर पर ही स्पन्दित है। नगरीकरण की प्रक्रिया भारतीय सन्दर्भ में मन्दतर रही है। वैज्ञानिक सोच एवं आधुनिक नगरीय संसाधनों का विस्तार इस देश की अन्दरूनी लोक-चेतना तक प्रविष्ट नहीं हो पाया जबकि स्वातन्त्र्योत्तर भारत में इस तरह के बदलाव को तरजीह दी गई एवं अवसर सुलभ कराए गए। मैथिलीशरण गुप्त जिस कालखंड में रचनारत थे, उस समय विकास के इतने संसाधन उपलब्ध नहीं थे। यद्यपि अंग्रेजों ने अपनी कुछ आवश्यकताओं के कारण यातायात तथा दूरसंचार के संसाधनों का विकास एक सीमा तक किया था किन्तु इस विकास से भारतीय लोक अप्रभावित था। भारतीय जीवन की संगठित और व्यापक शक्ति लोक में ही निहित थी। इस सत्य को पहली बार गाँधीजी ने अनुभव किया था, गाँधीजी के चिन्तन और कर्म को लोक-शक्ति ने गहनता से प्रभावित किया। वे भारत के गाँवों की सामाजिक चेतना को उसके स्तर पर ही संस्कारित करना चाहते थे। इनका संकल्प लोक को नगरीकृत करना नहीं था। वे लोक को अनाविल और संस्कृत स्वरूप में पाना चाहते थे। उन्होंने उसकी क्षय होती आत्म-शक्ति को पुनर्प्रतिष्ठित करना चाहा था। गाँधी के इस महान समारम्भ को साहित्य कर्मियों ने भी अपनी रचना प्रक्रिया में समाहित किया। गुप्तजी इसी आशय को लेकर गाँधीजी से प्रभावित थे।

गाँधीवादी आदर्श के साथ चलने के मायने थे, अपनी असल भारतीय अस्मिता को पा लेना। लोक की चिन्तावृत्तियों और उसके अनुषंगों को अपनी रचनाओं में आविष्कृत कर उसे एक सामाजिक शक्ति बनाकर प्रस्तुत करना। गुप्तजी की जन्म-स्थली चिरगाँव भी अपने समस्त संस्कारों में लोक को जीवित रखनेवाली थी। गुप्तजी की पारिवारिक परिस्थितियाँ भी जिन परम्परित संस्कारों से अनुप्रेरित थीं, उनमें बुन्देली लोक-संस्कृति का समावेश था। उनके वैष्णवी कर्मकांड इसी लोक संस्कृति के अंग थे। रचनाकार का रचना स्रोत उसका अपना परिवेश होता है, उसे अपने समय की चुनौतियाँ प्रश्नाकुल करती हैं। परिवेश तथा समय का द्वन्द्व ही उसकी रचना को एक परिवर्तनकारी प्रक्रिया से जोड़ता है। गुप्तजी का समस्त रचनाकर्म इस तरह की परिवर्तनकारी प्रवृत्तियों से ओतप्रोत है। उनकी 'भारत-भारती' भारतीय चेतना के पुनर्संस्कार के लिए प्रतिज्ञाबद्ध कृति है। एक जातीय अभिमान जो शताब्दियों की दासता के कारण विलुप्तप्राय था उसे

जागृत करने की उद्बोधनपरक काव्य प्रेरणा का परिणाम 'भारत-भारती' थी। सुदूर अतीत के जीवन की लोक-मूल्यगत जातीय चेतना का पहली बार 'भारत-भारती' के रूप में प्रस्फुटन हुआ।

गुप्तजी की कविता का सृजन विशुद्ध लोकवादी स्तर पर सम्पन्न हो सका है। उनकी कविता की रचना अनेक ऐतिहासिक दबावों का परिणाम थी और इन दबावों के बीच गुप्तजी के सामने खड़ी बोली को काव्य संस्कार देने की महत्त्वपूर्ण चुनौती थी। गुप्तजी के प्रारम्भिक रचनाक्षण के आसपास ही हिन्दी कविता के भाषागत माध्यम में बदलाहट का अनुभव हो रहा था। लोक बोलियों का प्रभावमंडल अस्तप्राय था। ब्रज और अवधी अप्रासंगिक होती जा रही थी। परिणामस्वरूप खड़ी बोली में तत्सम संस्कृत शब्दों का समावेश अधिकाधिक हो रहा था। उस युग के कवि इस तरह के भाषा प्रयोग के लिए अधिक सावधान थे। गुप्तजी के संस्कार बुन्देली की संवेदनाओं से गुंफित थे इसलिए अनेक सावधानियों के बावजूद उनकी लोक आश्रित चेतना भाषा-तल्प पर भी अल्पावधि के लिए उझक-उझककर झाँक जाती है। वे हिन्दी को एक ऐसा मुहावरा देना चाहते थे कि वह समग्र भारत की भाषा बन सके, जिसमें बोलीगत क्षेत्रीयता का आभास समाप्त हो जाए। यह केवल गुप्तजी में ही नहीं, उस युग के सभी कवियों में प्राप्त होनेवाला तत्त्व है। तब तक खड़ी बोली अपनी अव्यक्त सामर्थ्य से इन रचनाकारों को जैसे परिचित करा चुकी थी।

गुप्तजी ने अपने अधिकांश कथ्य को आख्यानजीवी बनाया। एक प्रकार से वे इतिवृत्तात्मकता में जीवित रहनेवाले कवि थे। यह इतिवृत्तात्मकता जातीय स्मृतियों के गर्भ से भी प्रस्फुटित हुई थी। गुप्तजी का स्वीकारपरक मन और आसक्तिमूलक संसार संस्कृत काव्य के अनेक चरित्रों के साथ जुड़ा रहा है। उन्होंने रामायण और महाभारत को अपना प्रेरणास्रोत बनाया। इन ग्रन्थों में भारतीय अस्मिता की जातीय स्मृतियाँ अत्यधिक सघन रूप में सुरक्षित हैं। उन्होंने अपने चरित्रों को युगानुकूल भारतीयता से ओतप्रोत बनाया। रचनाकार की मानसिक बुनावट में लोक का एक हिस्सा सदैव सुरक्षित रहता है और वह अपनी कल्पना में अतीत की अनेक मानवीय छवियों को व्यक्त करता रहता है। ये काव्य प्रसंग ही हमें अधिक अपने लगने लगते हैं। हमारी भाषा के बहुत गहरे संस्कारों को ये प्रसंग झंकृत कर जाते हैं। जब-जब हम कविता में अपने लोक जीवन के झाँकी को पाते हैं, तब-तब हम लोक की रागवत्ता से स्फुरित हो उठते हैं। लोक की संवेदनाएँ हमें अधिक प्रभावशाली संसार में ले जाती हैं। ये संवेदनाएँ ही हमारे जीवन के अन्तर्व्यापी सामाजिक सरोकारों को जीवित रखती हैं। महानगरीय सभ्यता के बीच रहनेवाले अधिकांश लोगों के भीतर लोक की संवेदनाओं का हिस्सा उनकी मानसिकता के अन्दरूनी हिस्सों में अभी भी सक्रिय है। वे कविता में जब लोक के इस स्पर्श को छू लेते हैं तब हम पुनः उसी संसार में पहुँच जाते हैं जिसको पाने की एक ललक हमारे भीतर छिपी रहती है। लोक हमें बहुत दूर तक विस्तारित करता है।

गुप्तजी ने जिस रामवृत्त को अपनी साकेत कथा के लिए चुना, वह शताब्दियों

की यात्रा करते-करते लोक का अभिन्न हिस्सा बन चुका था। कभी राम का वृत्त रहा हो लोक से भिन्न किन्तु गुप्तजी के आते-आते उसमें लोकानुभूतियों का लम्बा सिलसिला आ गया था। सम्भवतः कोई भी बोली ऐसी नहीं होगी जिसमें राग का चरित्र अनुस्यूत नहीं हुआ हो। राम को गुप्तजी ने भारतीय लोक जीवन के एकदम नजदीक पाया था इसीलिए उन्हें वे नर रूप में प्रस्तुत करने में नहीं हिचकिचाए। राम का वन गमन गुप्तजी के लिए वनगमन नहीं था। वे इसे राम का लोक मन की ओर प्रस्थान मानते हैं।

"प्रस्थान वन की ओर/या लोक मन की ओर/होकर न धन की ओर/राम जन की ओर।"

राम की यात्रा लोकाभिमुखी थी। वन-पर्वत-निर्झर-नद-नाले और इन सबके बीच लोक जनों का निश्छल स्नेह और उनकी आवभगत। ग्राम वधूटियाँ वनचारणी सीता से राम और लक्ष्मण का परिचय पूछती हैं। प्रश्न पूछती हैं। प्रश्न पूछनेवाली ग्राम वधूटियों को अनुकूल ही उत्तर मिलता है–

"गोरे देवर स्याम उन्हीं के ज्येष्ठ है"–पत्नी की यह लज्जा और संकोच, मर्यादा लोक जनित है। तुलसी में यह प्रसंग प्राप्त होता है। राम लोक मन के प्रहरी और रक्षक बनकर वन में आए हैं। लोक मन की सहजता और सरलता का शोषण तथाकथित सभ्य नागरिकों द्वारा अनेक स्तरों पर हो रहा था। लोक का सहज विश्वास छला जा रहा था। राम ने सरलता और सहजता से भरे इस मन के विश्वासों को त्राण दिया। वे लोक जनों को उनके अधिकारों से परिचित कराने और उनके दीनत्व को समाप्त कर उन्हें संगठित, शक्तिशाली और आर्योचित धर्माचरण हेतु प्रेरित करने के लिए लोक जीवन में प्रविष्ट हुए हैं–"विश्वासी का विश्वास बचाने आया" अथवा "मैं आया उनके हेतु कि जो तापित हैं/जो विवश विकल बलहीन दीन शापित हैं"। इसके साथ राम की यह भी उद्घोषणा है–"बहुजन वन में हैं बने ऋक्ष बानर से/मैं दूँगा अब आर्यत्व उन्हें निज कर से।" गुप्तजी की चिन्ता लोक जीवन के संस्कार की थी। आदिवासी जनों को अपने स्वत्व और अपनी संस्कृति से परिचित कराने का लक्ष्य ही राम की वन यात्रा में वे केन्द्रित करते हैं। एक प्रकार से लोकोद्धार की वही कामना जो गाँधी के चिन्तन में प्राप्त होती है, गुप्तजी के साहित्य में सन्निहित है। गाँधीजी उनके प्रेरणास्त्रोत थे। लोक के पास विश्वासी मन के साथ श्रमनिष्ठापूर्ण आचरण भी है। प्रकृति का सतत सान्निध्य उसे प्रकृति जैसी सहजता और प्रकृति जैसा खुलापन देता है। प्रकृति से ही संघर्ष कर अपने जीवन निर्वाह हेतु अपना प्राप्य लेना पड़ता है। इसलिए वह श्रमशील और संघर्षधर्मी होता है। गुप्तजी के समकालीन काव्य परिदृश्य में कृषक के जीवन को इन्हीं सन्दर्भों में उभारा गया है।

कृषक के जीवन की श्रम चेतना ही नगर की सम्पन्नता का आधार हो। जिसके खेत में अन्न है, जो सपत्नीक कृषि कार्य में संलग्न है, जिसके पास गाएँ हैं, दूध, घी है, जो सहनशील है, सहज, सरल है वही कृषक सृष्टि का अच्छा राजा है–"वे गोधन के धनी उदार/उनको सुलभ सुधा की धार/सहनशीलता के आगार/वे श्रम सागर तरते

हैं/हम राज्य लिए मरते हैं।" लोक को सर्वश्रेष्ठ घोषित करनवाले गुप्तजी सहज मानवीय मूल्यों के पक्षधर हैं। बुद्धिवाद की जड़ों से ही नगरीकरण और आधुनिकीकरण का तना फैला है। लोक जीवन में बुद्धि की पैठ नहीं है और जहाँ-जहाँ बुद्धि प्रवेश कर रही है वहाँ-वहाँ लोक जीवन की असलता खंडित ही नहीं हुई अपितु वहाँ एक अपसंस्कृति भी जनमती जा रही है। लोक के सहज प्रवाह में बुद्धिजन्य व्यतिक्रमों ने अवरोध ही उत्पन्न किए हैं। मानवीयता के शाश्वत मूल्यों को संरक्षण देकर ही लोक बड़ा बनता रहा है– "करके मीन मेख सब ओर/किया करे बुधवाद कठोर/शाखामयी बुद्धि तजकर वे मूल धर्म धरते हैं।"

गुप्तजी का रचनाकार इस तथ्य से अवगत था कि लोक संस्कृति का संरक्षण और विकास दोनों आवश्यक हैं, क्योंकि इनके भीतर ही मनुष्य की संवेदनात्मक अर्थवत्ता समाई हुई है। वह केवल सामाजिक आशयों का मनुष्य के हित में रचनात्मक आख्यान ही नहीं, अपितु भारतीयता के मूल कारकों का रचनागत उद्देश्यों में शामिल करना भी है। यद्यपि गुप्तजी के पास मानवतामूलक समाजदर्शन की दृष्टि थी और इसके मूल में वे भारतीय लोकदर्शी को महत्त्व देते थे। साकेत के सीता, राम और लक्ष्मण नगर से निकलकर लोकराज्य की परिसीमा में प्रवेश करते ही बिल्कुल नए वातावरण से सम्बद्ध हो जाते हैं। सीता का मन इस परिवेश में रमकर कृषकों की स्थिति का आकलन करने लगता है–"कैसी हुई उपज कपास, ईख, धान की।" किसान भी अन्न, गुड़, गोरस की वृद्धि के समाचार सुनाते हैं और यह वार्त्तालाप सीता तथा लक्ष्मण के परिवर्तित सोच को व्यक्त करता है। साथ ही बुन्देलखंड की माटी का प्रत्याभिज्ञान कराता है। सीता का स्वावलम्बी जीवन लोक के प्रभाव का ही परिणाम है। उन्हें पहाड़, झरने, वृक्ष सभी अपने सगे-से लगने लगते हैं। आँचल पट कटि में खोंस कछौटा मारे सीता का वेश श्रमशीला बुन्देली लोकबाला का ही स्मरण करा जाता है। उनका स्वाभिमान अपनी श्रमनिष्ठा से अभिव्यक्त होता है–"औरों के हाथों यहाँ नहीं पलती हूँ/अपने पैरों पर खड़ी आप चलती हूँ।" नारी के जीवन का यह पक्ष लोक प्रभावित है। सीता अपने नगर स्वरूप के लोकहितकारी पक्ष को बाँटने में बहुत उदार हैं। भोली-भाली कोल, किरात, भिल्ल बालाओं के लिए वे सूत कातने और वस्त्र बुनने की कला सिखाती हैं–"तुम अर्धनग्न क्यों रहो, अशेष समय में/आओ हम काते बुने गान की लय में।" कातने-बुनने का यह उपक्रम गाँधीवादी प्रभाव ही नहीं है, गुप्तजी के सोच का एक आवश्यक अंग भी है। यह अलग बात है कि काव्य में लोक की यह उपस्थिति कुछ-कुछ लादी गई लगती है। इसमें रचनाशीलता की उद्दाम ललक का अभाव परिलक्षित होता है।

'विष्णुप्रिया', 'सिद्धराज' और 'जयद्रथ-वध' जैसे काव्य ग्रन्थों में इतिहास, पुराण और जन आख्यान में ही गुप्तजी की प्रतिभा अधिक रमी है। इतिहास और जनआख्यानों के भीतर निहित जातीय स्मृतियों को गुप्तजी ने काव्य कथा के रूप में प्रस्तुत किया है। इतिहास के आवश्यक और प्रेरणादायी प्रसंगों को अपने समय के समानान्तर प्रतिस्थापित करने का अर्थ ही यही है कि इतिहास की शक्ति से कवि परिचित है और उसके

अन्तर्गर्भ में समाई मिथकीय चेतना को वह अपने समय की आवश्यकता के अनुरूप ढालने की चेष्टा में रत है। यशोधरा की गीत रचना शैली में लोकतत्त्व का समावेश मिलता है। लोक की मानवीय वृत्तियों से संश्लिष्ट यशोधरा के गीत गुप्तजी की रचनात्मकता के ऊर्जस्वित पक्ष को प्रस्तुत करते हैं। यशोधरा का वात्सल्य जिन गीतों में छलकता है उन गीतों में परम्परा से प्राप्त माँ का हृदय आन्दोलित होने लगता है। यशोधरा जैसी राजमाता भी उन्हीं भावों में जीने लगती है, जो एक सामान्य लोकमाता के भाव होते हैं–"यह छोटा सा छौना/कितना उज्ज्वल कैसा कोमल क्या ही मधुर सलौना।" या "किलक अरे मैं नेक निहारूँ/इन दाँतों पर वारूँ।" जैसी पंक्तियों में शिशु के स्वरूप पर न्योछावर होती माँ की अनुभूति है। वे अपने रानीपन को भूलकर कहती हैं–"राहुल निज रानीपन देकर तेरी फिर परिचर्या पाऊँ/उबटन कर नहलाऊँ तुझको खिला-पिलाकर पट पहनाऊँ।" बच्चे की ठनगन में उलझी माँ का हृदय कुछ क्षणों के लिए पति वियोग को भूल जाता है। गुप्तजी ने लोक लय को भी इस तरह के गीतों में बाँधा है–"ठहर बाल गोपाल कन्हैया राहुल राजा भैया/मैया है तूँ अथवा मेरी दो थनवाली गैया/रोने से यह रिस की अच्छी तिली लिली ता थैया।" शिशु गीतों की लय पर रचा गया यह गीत अपनी आन्तरिक अनुगूँज में लोक के राग संसार को उपस्थित कर देता है।

गुप्तजी ने लोक संस्कारों को भी महत्त्व दिया है। साकेत में राजा दशरथ के अन्तिम संस्कार का लम्बा दृश्य मिलता है। इसी प्रकार लोकविश्वासों के रूप में काजल का डिठौना, कागा का बोलना, स्वप्न विचार, अंग स्फुरण आदि का समावेश गुप्तजी की रचनाओं में हुआ है। बारहमासा और षड्ऋतु वर्णन की परम्परा लोकोद्भूत है। गुप्तजी ने षड्ऋतु वर्णन परम्परा का आलम्बन लिया है। वियोगजन्य स्थितियों का प्रकृति की सापेक्षता में साकेत और यशोधरा के पृष्ठों पर इस तरह का विवेचन मिलता है। इन प्रसंगों में वे लोक के प्राकृतिक जीवन के बदलते रंग-रूपों और आवेगों को कविता में बाँधते हैं। उनका सूक्ष्म निरीक्षण और उनकी भाव तन्मयता इन अवसरों पर पूरी तरह से प्रकट होती है।

गुप्तजी सावधान कवि थे। उनके संस्कार अवश्य लोक आश्रित थे, किन्तु वे अपनी रचनाओं में इन्हें प्रकट करने में किंचित झिझकते रहे, यह झिझक स्तरीयकरण से उत्पन्न हुई थी। इसके साथ ही गुप्तजी ने जिन स्रोतों से अपनी आख्यानपरक रचनाओं की सृजन प्रेरणा ग्रहण की उनमें लोक के लिए कम अवसर ही सुलभ रहे, लेकिन संस्कार बहुत ताकतवर होते हैं। रचना प्रक्रिया के दौरान रचनाकार की तल्लीनता की गहनता में वे अनजाने रूप में फूट पड़ते हैं। कहीं बिम्ब बनकर, कहीं लय बनकर और कहीं शब्द के रूप में। कवि गुप्तजी ने कपड़ा बुनने के लोक व्यापार को एक बिम्ब में बाँधा है। सूर्य को तन्तुवाय की तरह कार्य में संलग्न देखते हुए वे लिखते हैं–"आकाश जाल सब ओर तना/रवि तन्तुवाय है आज बना।" नाईन के द्वारा महावर और तेल का लगाना, नखरंजिनी का आलेपन आदि शृंगार प्रसाधन के दृश्य भी लोक प्रभावित हैं।

भाषा के स्तर पर बुन्देली शब्दों का प्रयोग भी जहाँ-तहाँ प्राप्त होता है। सेंतमेत, हींसना, घुरकना, कलेवा, धुधुकी, झुकामुकी, दूध जैसे शब्द बुन्देलखंड के परिवेश को व्यक्त करते हैं। भाषा की सृजनशीलता में जब जातीय स्मृतियाँ घुलमिल जाती हैं तब लोक का अनुभव और शक्तिशाली रूप से प्रकट होता है।

रामचरित मानस में लोकदृष्टि

यदि रामचरित मानस की मूल कथा से हटकर उन तत्त्वों पर बहस प्रारम्भ की जाए जो तुलसी के कवि को लोक जीवन से बाँधते हैं, तो निश्चित ही तुलसी की कवि प्रतिभा के कुछ नवीन निष्कर्ष निकलेंगे। महाकाव्य का कवि इतिहास और वर्तमान के बीच फैले विस्तृत फासले को समेटने के लिए अपनी कृति में समय की सही पहचान देने की चेष्टा करता है। स्मृति और मिथक को वह अपनी समकालीनता के समानान्तर थापता है। रामकथा के इतिहास प्रचलित वृत्त के चयन से यह स्पष्ट हो जाता है कि तुलसी अपनी कथा को समूह जीवन की एक लम्बी स्मृति खींचकर उसे अपने समय के रंग-रोगन की चमक देकर पुनः उसी लोक स्मृति को सौंप देना चाहते थे। रामकथा के अनेकानेक युगों की पहचान को अपने साथ समेटकर अपनी जीवन्तता का परिचय दिया है। क्या तीन विशिष्ट कालों का स्वभाव 'रामचरित मानस', 'रामचन्द्रिका' और 'साकेत' में नहीं मिलता है ? किसी 'ससय' को रचना में ढूँढ़ने के लिए कथा के खास बिन्दुओं को छोड़कर सामान्य से सन्दर्भों को छील-छालकर निकालना पड़ता है।

मानसकार का अपने समय के समूह जीवन से अन्तरंग सम्बन्ध था। तुलसी के पास गाँव-घर की ओर लौटती-हेरती ग्रामीण की वह दृष्टि है, जिसमें भारतीय दर्शनबोध की परम्परा से घुलेमिले लोक मुहावरे सुरक्षित हैं। महाकाव्य के विशाल फलक पर लोक-जीवन की जातीय स्मृति कहीं-न-कहीं फूटकर आ जाती है। तुलसी का अध्ययन जितना विशाल था—उतना ही व्यापक था उनका लोकानुभव। अपनी लोक सम्पृक्ति के कारण ही उनका मानस आधुनिकता के बढ़ते हुए जबर्दस्त दबावों के मध्य अपनी चरितार्थता और आवश्यकता बनाए हुए है। आदमी बार-बार उन्हीं संवेदनों में वापस होना चाहता है, जो उसके भीतर पूर्वजों से जातीय स्मृतियों के रूप में हस्तान्तरित हुए हैं।

रामचरित मानस में तुलसी ने परम्पराओं तथा लोक मानस में गुँथी हुई अनेक धारणाओं को अपनी संग्रहकारिणी प्रतिभा के माध्यम से अभिव्यक्ति दी है। पहली बार बहुविश्रुत कथानक के साथ लोक चरित के व्यापक व्यवहारों भरी रूढ़ियाँ एक नए सन्दर्भ में प्रकट हुई हैं। जायसी भी लोक व्यवहारों के विदग्ध प्रणेता रहे हैं। तुलसी की रचनात्मकता में जायसी का प्रच्छन्न प्रभाव अनेक स्तरों पर है। तुलसीदास का दार्शनिक अनुशासनप्रिय कवि हाट-बाट, घर-नगर, अथाई-गाँव, नगर-डगर आदि के अनेक दृश्यों

और उनमें निहित आशयों का भाषिक रूपान्तरण करते हैं। तुलसी का मन नदी-जंगल, पर्वत-गाँवों को देखकर एक विचित्र आत्मीयता से भर उठता है। यह आत्मीयता कवि के भी युगों पूर्व की कृषि संस्कृति और मनुष्य की अतिशय प्राकृतिक नैकट्यता से उभरी है।

मानस का अधिकांश जंगल और पहाड़ों के बीच रचित हुआ है। नगरों और महलों का तो सम्पुट मात्र है। 'बाल' और 'उत्तर' ही नगरीय संस्कृति को समेटते हैं। मानस के मध्य में चित्रकूट, किष्किन्धा, श्री शैल वन-पर्वत तथा इनमें स्थित ऋषियों-मुनियों को आश्रमों का इन्द्रिय ग्राह्य विवेचन तुलसी की मानसिक बुनावट के उस ताने-बाने को प्रकट करता है जो अपने हजारों वर्षों के अतीत से बँधा हुआ है। राम-लक्ष्मण और सीता वन-पथ के यात्री हैं। नगरीय ही नहीं राजपरिवार के विशिष्ट व्यक्तियों की यह यात्रा ग्रामवासियों के मन में आश्चर्य, उत्सुकता ललक-पुलक आदि बहुविध भावों को जाग्रत करती है। ग्रामवासी उन्हें देखने के लिए अपना-अपना काम बिसारकर दौड़ पड़ते हैं– ''सुनत तीर बासी नरनारी। धाए निज-निज काज बिसारी।'' गाँव में किसी अजनबी के आ जाने से ग्रामीणों की उत्सुकता का यह प्रत्यक्ष अंकन है। इस प्रसंग में गाँव की स्त्रियों का सहज स्वभाव हजारों-हजारों वर्षों की मानस जात छवियों में रचा-बसा प्राप्त होता है। वे इनके माता-पिता को कोसती हैं–दुखी होती हैं। सीता से परिचय पूछती हैं–''कोटि मनोज लजावनि हारे। सुमुखि कहहु को आहिं तुम्हारे।'' पूछने का ढंग जिस तरह का है उत्तर का ढंग भी वैसा ही है–''सहज सुभाव सुभग तन गोरे। नाम लखनु लघु देवर मोरे।''

वनवासियों की संस्कृति और उनके स्वभाव को तुलसी ने जिस गहराई से विवेचित किया है, उससे स्पष्ट होता है कि जंगल की जातीय चेतना का बोध वे एकदम सन्दर्भ संलग्नता से कर रहे थे। यही बात ग्रामीण जनों के साथ भी है। ग्रामवासी राम का स्वागत गँवई परिवेश में भी करते हैं। वटवृक्ष की सुन्दर छाया देखकर वहाँ घास और पत्ते बिछाकर वे कहते हैं–क्षणभर यहाँ बैठकर थकावट मिटा लीजिए–फिर चाहे अभी चले जाइएगा या प्रभात होते ही–वे घड़ा भरकर जल लाते हैं और राम से प्रार्थना करते हैं–आप आचमन तो कर लें–''एक देखि वह छाँह भलि डसि मृदुल तृन पात। कहहिं गँवाइए छिनकु श्रमु गबनव अबहिंकि प्रात। एक कलस भरि आनहिं पानी। अँचइअ नाथ कहहिं मृदु बानी।'' ग्रामीणों का यह स्वागत-सत्कार उनकी लम्बी परम्परा से प्रसूत है।

कोल-किरात जंगल से अपनी घनिष्ठता की चर्चा करते हैं। बनैले पशुओं से राम की रक्षा की बात करते हैं। फिर अपने मूल व्यवसाय शिकार करने की ओर आते हैं, उन्हें लगता है कि राम और लक्ष्मण के साथ उनको अहेर करने में सुविधा होगी। आदिवासियों की शिकारप्रियता की भावना उनके संस्कारजन्य स्वभाव की प्रतीक है ''हम सब भाँति करब सेवकाई। करि केहरि अहिबाघ बराई। बन बेहड़ गिरि कन्दर खोहा। सब हमार प्रभु पग-पग जोहा। तँह-तँह तुम्हहिं अहेर खेलाउब। सर निरझर जब ठाँव दिखाउब।''

निषाद भरत के चित्रकूट आगमन से आशंकाग्रस्त हो जाते हैं। उनके सभी साथी जूझने की तैयारी करते हैं। जूझने की इस तैयारी में लोक की उत्साहमय युद्ध-सज्जा है। लंका की युद्ध तैयारी से यह बिल्कुल भिन्न तैयारी है—"चले निषाद जोहरि जोहारी। सूर सकल रन रुचहीं टारी। सुमिरि राम पद पंकज पनहीं। भाथी बाँधि चढ़ाइन्हि धनुहीं। अँगही परिरि कूँडि सिर धरहीं। फरसा बाँस सेल सम करहीं।" मात्र पद पंकज से काम न चल सका। पद पंकज पनहीं शब्द तुलसी को रखना पड़ता है। पनहीं के स्मरण से जो दासत्व भरा ग्रामीण मन व्यक्त होता है वह पद पंकज अकेले से नहीं। भाथी, कूँड़ि, फरसा, बाँस सभी अस्त्र-शस्त्र लोक-जीवन से सम्बन्धित हैं। निषाद की व्यूह-रचना भी अपने ढंग की है। नावों को कब्जे में करके डुबा दो घाटों को रोक दो—इस प्रसंग में शब्द प्रयोग भी महत्त्वपूर्ण है—"हथबाँसहु बोरहु तरनि कीजिए घाटारोहु।" कृषि-कर्म से सम्बन्धित स्मृतियाँ भी तुलसी के मानस में प्राप्त होती हैं। वर्षा वर्णन में "ससि सम्पन्न सोह महि कैसी—महावृष्टि चलि फूटि कियारी—कृषि निबारहिं चतुर किसाना—ऊषर बरषइ तृन नहिं जाना—" आदि अर्द्धालियाँ ऐसे ही उदाहरण हैं।

तुलसी ने अपनी लोकाभिव्यक्ति के लिए विवाह-प्रसंगों का अवसर उचित समझा है। बारात-आगमन, जनवासा-वर्णन, पाणिग्रहण संस्कार, विदाई आदि अनेक प्रसंगों का विवेचन मानस में उत्तर भारतीय लोकपरम्पराओं का सही परिचय देता है—इस वर्णन में तुलसी के लोक संस्कार ही प्रतिध्वनित होते हैं। विवाह की सजावट, मंगलगान और जेवनार का वर्णन तो निश्चित ही लोक-दृष्टि के प्रसार से ही प्रकट हुआ है। पार्वती-विवाह में विवाह-भोज का आयोजन—"भाँति अनेक भई जेवनारा। सूप शास्त्र जस कछु विवहारा। सो जेवनार कि जाई बखानी। बसहिं भवन जेहि मातु भवानी। विविध पाँति बैठी जेवनारा। लगे परोसन निपुन सुआरा। नारिवृन्द सुर जेवत जानी। लगी देन गारीं मृदुबानी। गारी मधुर स्वर देहिं सुन्दरि विंग्य वचन सुनावहीं। भोजन करहिं सुर अति बिलम्बु विनोदु सुनु सचु पावहीं। जेवत जो बढ़्यौ अनन्दु सो मुख कोटिहूँ न परै कह्यो। अँचवाई दीन्हें पान गवने बास जँह जाको रहयो।" भोजन के मध्य स्त्रियों द्वारा गाए जानेवाले गीत और भोजन के उपरान्तवाले पान को भी तुलसी नहीं भूलते। सीता-विवाह में जेवनार की तैयारी पाँव धोने से प्रारम्भ है। स्वयं जनक जामाताओं के पाँव पखारते हैं। फिर जेवनार शोभती है। गारीं गाई जाती हैं। पनवारे, सूपकारी, सूपोदन, सुआर आदि शब्दों का प्रयोग उत्तरभारतीय भोजन परम्पराओं से गृहीत है।

हमारी स्मृति में जो लगातार अवशिष्ट होता रहता है—वह उन राग-तन्तुओं और संवेदनाओं का हिस्सा है जिसको हम पुरखों के दाय के रूप में पाते हैं। वर्तमान के तीखे दबावों के बीच जब हम व्यक्तित्व के इस हिस्से से मिलते हैं तब-तब हम बहुत विस्तृत हो जाते हैं। लोक के संस्कार और लोक की शक्ति हमें फैलाव देती है। इसी फैलाव के कारण मानस उत्तरी भारत के अनपढ़ लोगों का भी संस्कारों का सन्दर्भ-ग्रन्थ बन गया है। दो समान समधियों को देखकर सहसा ही मुख से निकल पड़ता है—"सम समधी देखे हम आजू।" या भाँवर के समय—"करि होम विधिवत गाँठ जोरी होन लागी

भाँवरी।'' से प्रकट होता है कि लोक यदि तुलसी की बोली में ऐसे अवसरों पर बोलता है तो लगता है जैसे तुलसी ने निश्चित ही समूल चेतना के उत्स अंश का स्पर्श अपनी कविता में किया है।

कवि ने लोक की बहुत लम्बी परम्पराओं को अनेक स्तरों पर छुआ है। सामाजिक संस्कारों का लम्बा सिलसिला अपनी समकालीनता में घुलकर एक सहज विश्वसनीय और प्रामाणिक प्रस्तुति करता है। आनुवांशिकता से प्राप्त हमारी चेतना के अंशों से जब ऐसे सन्दर्भ टकराते हैं तब निश्चित ही प्रीतिकर प्रभावशाली क्षण उपस्थित होते हैं। मानस ऐसे ही क्षणों से साक्षात कराती है। भाषा और मुहावरों को भी तुलसी ने लोक संस्कारों से सींच लिया है। लोक व्यवहार सम्बन्धी बोलचाल के अनेक शब्दों को तुलसी ने अपनी कृति 'मानस' में स्थान दिया है। ये शब्द ही सही मायने में हमारी जातीय स्मृतियों से प्रसरणशील एवं संवेदनीय अंग हैं। अरबी, फारसी, ब्रज, बुन्देली, बघेली और अवधी के शब्दों की संयोजनीयता मात्र शब्द सामर्थ्य को दिखाने के लिए नहीं है, उसमें लोक के संस्कारों की अन्तर्वर्ती चेष्टाएँ और अनुकृतियाँ हैं। तुलसी ने मुहावरे गढ़े भी और लोक से उठाए भी। कृति में मुहावरे पाठकीय प्रतीति के लिए जरूरी होते हैं। इन्हीं के माध्यम से वह कृति में जीवन की नाटकीय गतिशीलता को खोजता है तुलसी जहाँ लोक में धँसकर अपनी संवेदना को पैनी बनाना चाहते हैं, वहाँ से सीधे लोक प्रचलित मुहावरों को यथातथ्य रख देते हैं–''बाँझ का जानि प्रसव के पीरा'' या ''चेरी छोड़ि न होइब रानी'' जैसे मुहावरे उनकी लोक परिचिति के प्रतीक हैं। अक्सर गौण किन्तु मानवीय व्यापारों के चरम प्रसंगों को तुलसी मुहावरों में ही गूँथते हैं। जहाँ कवि ने मुहावरे गढ़े हैं–वहाँ वे समूह संस्कारों में रच-बसकर भाषा की संस्कार वहन करनेवाली शक्तियों का संधान करते हैं।

भवभूति के साहित्य में लोकचेतना

शिव और सुन्दर की प्रतिष्ठा में रचनाकार जीवन-सत्य के कठोर और खुरदरे रूप को भी उतना ही महत्त्व प्रदान करता है—जितना अपने स्वप्न-लोक में सँवारते जीवन के समाहारी श्रेष्ठ सम्पूर्णत्व में व्याप्त वायवीय आदर्श को। आदर्श कवि-कल्पना की विधायिनी रचनाशक्ति से ही विस्फूर्जित होनेवाला जीवन-सत्य है। जबकि यथार्थ एक प्रकार से अपने समय के समाज की गतिविधियों का वैचारिक लेखा-जोखा और जीवनगत अन्तर्द्वन्द्व का संघर्षशील अभियोजन प्रस्तुत करता है। यथार्थ दृष्टि लेखक को अपने समय से जूझने की शक्ति प्रदान करती है जबकि आदर्श-दृष्टि लेखक को समय से समानान्तर एक प्रति समय को रचने की शक्ति देती है। यथार्थ को प्रत्यक्ष करनेवाला रचनाकार अपने युग-सत्य को निर्भीक होकर उद्‌घाटित करता है। इसलिए वह इतिहासकार की चुनौतियों से परिपूर्ण समकालीनता की आड़ी-तिरछी बुनावट को अपने सृजन शक्तियों से रचना में ढाल देता है।

संस्कृत साहित्य में आदर्श का अंकन विस्तार से हुआ है। संस्कृत का कवि एक सावधान रचनाकार है। एक ऐसा सावधान रचनाकार जिसने व्यक्ति और समाज के निर्माण में साहित्य के उद्‌देश्यों को सन्निहित किया है। वह जीवन और समाज को यथातथ्यात्मक पारदर्शी दृष्टि से भी निहारता रहा है। जीवन पर आरोपित कर्मकांड को एक तरफ रखकर निर्भ्रांत और निर्मल चेतना से जीवन की व्याख्या करता रहा है। उसकी साहित्यगत प्रयोजनीयता मनुष्य को उसके सम्पूर्ण भावना-व्यापार के मध्य आविष्कृत कर उसको अपनी समस्त सबलताओं और निर्बलताओं में प्रतिष्ठित करना रही है। संस्कृत साहित्य में एक पूरी-की-पूरी परम्परा इस रूप में दृष्टिगत होती है जो जीवन और समाज के सम्यक् यथार्थ को प्रस्तुत करती रही है। नाटकों की रचना-सरिणि में 'मृच्छ्कटिकम्' का नाम इस परम्परा का एक तरह से उपोद्‌घात ही है। महाकवि भवभूति के नाटकों में भी यथार्थ की वह परम्परा निर्वहित हुई है। भवभूति के उपलब्ध तीनों नाटक अपनी लोक-सम्पृक्ति के कारण अपने समय के यथार्थ को प्रकट करने में अधिक समर्थ हैं। संस्कृत का जो अभिजनपरक और आभिजात्यप्रवण बोध कालिदास आदि कवियों में प्राप्त होता है उससे अलग भवभूति की रचना में लोक-जन का हस्तक्षेप अधिक है। भवभूति ने अपने नाटकों में मनुष्य की अवतारणा को ही महत्त्वपूर्ण बनाया है—ऐसे मनुष्य की अवतारणा को जो भावों के उच्चतम दाब पर अपने होने की सार्थकता

इस तरह प्रकट करता है कि उसके ऊपर पड़े देवत्व के आवरण झीने पड़ जाते हैं। उनका अनुशासनपूर्ण सम्राट स्वरूप तथा पांडित्यपूर्ण आभिजात्य तिरोहित हो जाता है। अपने नाटकों की कथावस्तु के चयन में वे यथार्थ के अधिक नजदीक प्रतीत होते हैं।

अपनी प्रसिद्ध कृति 'उत्तररामचरितम्' में भवभूति ने करुण रस को ही सर्वश्रेष्ठता प्रदान की है—वह जीवन यथार्थ का ही दृश्यांकन है। मनुष्य के पास मनुष्य होने का सबसे बड़ा प्रमाण उसका करुणभाव ही है। यही भाव अन्य अनेक भावों से पर्यवसित होता रहता है—और मनुष्य को प्रमाणित करता रहता है।

''एको रसः करुण एव निमित्त भेदाद्
भिन्नः पृथक् पृथगिवाश्रयते विवर्तान्
आवर्त बुद् बुद् तरंग भयान विकास
नाम्भो यथा सलिलमेव हि तत् समग्रम्।

'उत्तररामचरितम्' के कथा-विन्यास में रचनाकार ने यथार्थ-दृष्टि को ही आधार बनाया है। रचनाकार की वर्णन क्षमता को यथार्थ की जमीन पर फैलने के लिए अपने समय और अपने भूगोल का ज्ञान परमावश्यक है। भवभूति का समय उनकी रचनाओं में झाँकता है। वे चाहते तो 'शम्बूक-चरित' को स्थगित कर सकते थे, जैसा कि कुछ अन्य परवर्ती कवियों ने किया भी है—किन्तु अपने समय का यथार्थ प्रस्तुत करने से वे रह जाते। शम्बूक-चरित में उन्होंने अपने समय की कठिन वर्ण-व्यवस्था को ही उजागर किया है। वर्ण-व्यवस्था से नियन्त्रित समाज में तपस्या आदि चर्याओं का निर्धारण कुछ खास वर्णों तक ही सीमित था—यह उस समय की यथार्थ-चेतना है। राम का विरह-विलाप जो इस कृति का अधिकांश स्थल समेटता है मनुष्य की अन्तश्चेतना वृत्ति के यथार्थ अवलोकन का ही दृश्यांकन है। महाराज जनक का क्रोध जनक के विदेह होने के आदर्श अनुभव को अतिक्रान्त कर जाता है—''आः को यमग्निनामास्मत् प्रसूति परिशोधने कष्टम् एवं वादिना जनने रामभद्र परिभूता अभि पुनः परिभूवामहे।'' इसी नाटक के द्वितीय अंक के प्रारम्भ में वासन्ती और आत्रेयी के वार्त्तालाप के मध्य सीता परित्याग की कठोर निन्दा की जाती है। राम को भी कोसा जाता है। वासन्ती कहती है—''हा रामभद्र ! अथवा अलं त्वया।'' ''हा रामभद्र तुम्हें कुछ कहना व्यर्थ है''—वह जो बहुत कुछ कहना चाहती है—इतने में ही अभिव्यंजित हो जाता है। अश्वमेध यज्ञ की आयोजना में राम के अकेले होने को परिकल्पना नहीं की जा सकती क्योंकि ऐसे यज्ञों में पत्नी की अनिवार्यता होती है। अतः वासन्ती को सन्देह है कि राम ने द्वितीय विवाह कर लिया है। वह कहती है—''अहह धिक् परिणीतमपि।'' हाय, धिक्कार है ! विवाह भी कर लिया। राम के प्रति इस तरह सोचना यथार्थ के ही नजदीक है। इस प्रसंग ने राम द्वारा सीता परित्याग के यथार्थ को उद्घाटित तो किया ही—इस सन्दर्भ की अग्रिम रचनाओं को भी एक पीठिका प्रदान की है। आधुनिक हिन्दी-काव्य में रची गई भारतभूषण अग्रवाल की 'अग्निलीक' प्रसिद्ध कृति के लिए भवभूति की यह निर्विकल्प दृष्टि अधिक काम्य रही है।

लोक-प्रवाद में लोक की मानसिकता ही सक्रिय होती है। लोक किसी आस्तरण में या किसी आरोपित मर्यादा के दबाव में अपने हृदयगत उद्‌गारों को नहीं दबाता है। जहाँ लोक बोलता है—वहाँ यथार्थ का स्वर अपनी सम्पूर्णता में अभिव्यक्त होता है। यदि एक आम नागरिक राम पर दोषारोपण करता है, तो यह लोक का ही यथार्थ चिन्तन है। फिर वासन्ती के द्वारा की गई टिप्पणियाँ भी लोकोद्‌भूत हैं। यहाँ राम के राजापरक अनुशासन एवं ईश्वरीय अवतरण की कोई गुंजाइश नहीं है। उन्हें एक सामान्य व्यक्ति की तरह ही लांछित किया जाता है। भवभूति जहाँ मानवीय सन्दर्भ का स्पर्श करते हैं—वहाँ उनकी लेखनी यथार्थ के अभिअंकन में मुखर हो जाती है। लव और कुश के बाल्योचित स्वभाव के वर्णन में वे अद्‌भुत हैं। बालकों की कौतूहली वृत्ति एवं सूक्ष्म निरीक्षणकारिणी प्रतिभा के साथ-साथ उनके सहज वर्णन को और अधिक यथार्थ बनानेवाले महाकवि भवभूति ने विप्र बालकों द्वारा वर्णित घोड़े का स्वरूप बेहद आकर्षक एवं स्वाभाविक ढंग से किया है—

> ''पश्चात् पुच्छं बहति विपुलं सच्च धूनोत्यस्रं
> दीर्घग्रीवः स भवति खुरास्तस्य चत्वार एव
> शष्प्याण्यत्ति प्रकिरति शकृतूपिंड कानाभ्रमात्रान्
> किं व्याख्यानैर्व्रजति स पुनर्दुरमेहोहि यामः ॥

''आम के फल के बराबर लीद करता है।'' यह कथन घोड़े की रूप रचना को पीछे छोड़कर बच्चों के यथार्थपरक हास्य-दर्शन को प्रस्तुत करता है।

'मालती माधव' नाटक में किसी बहुप्रचलित पुराण-प्रसंग को कथा-आधार की तरह स्वीकृत नहीं किया गया है। इस नाटक की कथा लोक-विश्रुत प्रेम-कथा के इर्दगिर्द क्रियाशील होती है। इसलिए लोक जीवन के सरस प्रसंग इसके कथानक में अपने सम्पूर्ण यथार्थ में प्रस्तुत हुए हैं। वैसे भी प्रेम-कथाओं का मधुर आख्यान लोक की चतुराई, लोक की लगन, लोक की प्रकृति और लोक-मानस की भाव-विच्छित्तियों को समाहारित करनेवाला होता है। 'मालती माधव' के कथानक में ये तत्त्व प्राप्त होते हैं। पुराण-वृत्त से अलग होने के कारण भवभूति ने इसकी कथा-संरचना में अधिक स्वच्छन्दता का वरण किया है और रचनाकार की यथार्थ-दृष्टि को व्यक्त होने का अधिक अवसर उपलब्ध हुआ है।

दरअसल 'मृच्छकटिकम्' की परम्परा का सूत्र इस नाटक के अन्दरूनी हलकों में विद्यमान है। इस नाटक के कथा-उत्स गुणाढ्य की वृहत् कथा से लिए गए हैं। 'बड्डकहा' की कथा-संरचनाओं में बहुलांश का उपजीव्य लोक ही रहा है। अतः इसके प्रकरण में लोक जहाँ-जहाँ झाँकता है—वहाँ-वहाँ भवभूति का रचनाकार यथार्थ का व्याख्याता बन जाता है। लोक में प्रचलित प्रेमकथाओं में माता-पिता द्वारा सन्तान-विवाह के लिए सन्तान-जन्म के पूर्व ही प्रतिज्ञा कर लेना यथार्थ से ही अभिप्रेरित है। आज भी राजस्थान में अक्सर ऐसे प्रसंग चर्चित होते रहते हैं—जहाँ दो मित्र अपनी आगामी

विपरीत लिंगी सन्तान के विवाह की पूर्व प्रतिज्ञा कर लेते हैं। इस तरह की पूर्व प्रतिज्ञा 'मालती माधव' के पिता-मित्रों द्वारा भी कर ली जाती है। भाग्य की विडम्बना का भी अवक्षेपण लोक-यथार्थ से प्रसूत है। मालती और माधव के विवाह में नन्दन व्यवधान बनता है। लोक कथानकों के यथार्थ में—वह व्यवधान प्रेम की तीव्रता और प्रेम की ऊष्मा को बढ़ाता है। अपहरण आदि की अवतारणा के मूल में भी लोक-यथार्थ का निदर्शन है।

इस नाटक में अपने समय के सत्य को भी प्रकट किया गया है। समय का सत्य इतिहास का सत्य बनने लगता है। इसी आधार पर 'मालती माधव' में समय और इतिहास के लोकव्यापी सन्दर्भों को समेटा गया है। भवभूति के काल में वामाचार का प्रभाव था। योगिनियों और कापालिकों का जमघट था और लोक-जीवन में इन सबका अपना महत्त्व था। यह सत्य है कि नाटक में इनसे सम्बन्धित उपाख्यान कथा को गति-प्रदान करने के लिए जोड़े गए हैं, किन्तु ये अपने समय के सत्य को भी व्यक्त करनेवाले प्रसंग हैं। "इदं च पुराणंनिम्बतैलाक्त परिभृज्यमान सोनकर गंधिश्चिता धूमैरस्ताद्वि-भारितस्य श्मशानराटस्य नेदीयः करालायतनम्।" आदि कथनों से तत्कालीन वाममार्गी परिवेश की पहचान निश्चित होती है और कापालिक साधना के क्षेत्र में व्याप्त अवधारणा का खुलासा भी होता है। यह कृति शृंगार रस प्रधान है। इसलिए शृंगार के उद्दीपन स्वरूप की निर्बाध और स्वच्छन्द प्रस्तुति हुई है। "रुचिर कनक कुम्भ श्रीमदाभोग तुंगस्तन" जैसे कथनों में कवि की दैहिक सौन्दर्य मीमांसा का क्वचित् आशय स्पष्ट होता है। मंच पर व्याघ्र और मांस विक्रय के दृश्य प्रस्तुत करके नाटककार ने अपनी स्वच्छन्दवृत्ति का परिचय दिया है। परम्परित शास्त्रीयता के विरुद्ध नाटककार का यह कदम यथार्थवादी दृष्टि को मान्यता प्रदान करता है।

'महावीर चरित' नाटक महाकवि भवभूति की प्रथम कृति है। अतः यह पूर्णरूपेण नाटककार की ऊँचाई मापने हेतु मानक कृति नहीं बन सकती है। किन्तु इसमें रचनाकार की सम्भावनाओं का अवलोकन किया जा सकता है। राम के लोकोत्तर और ईश्वरीय रूप की ओर नाटककार का रुझान इस रचना में नहीं है। भवभूति के राम आधुनिक युग के यथार्थवादी रचनाकारों द्वारा सम्भूत राम के समान नितान्त एक पुरुष हैं। इस नाटक में भवभूति ने राजनीति एवं इतिहास के हाशियों को स्पर्शित किया है। अपने समकालीन राजनीतिक प्रश्नों को उन्होंने इस कृति में अपनी वैचारिक शक्ति के प्रयोग से सुलझाने का प्रयत्न किया है—इतिहास की परछाइयों को वे इस कृति में नहीं छोड़ पाते। आक्रान्ताओं के दर्प-दलन की व्यंजना इसके कथानक में ध्वनित होती है। तत्कालीन सामाजिक और राजनीतिक वात्याचक्रों को समेटे यह कृति अपने समय के उपस्थापन में सक्रिय है। वे लोक-कल्याण की भावना से ओतप्रोत हैं और दुष्टों का दलन करते हैं। शूर्पणखा और बालि के प्रसंगों में भवभूति ने उलट-फेर किया है—यह उलट-फेर यथार्थ को ही रेखांकित करता है। इस नाटक की रचना से भवभूति की लोकविजडित अन्तरात्मा लोक-चेतना से अनुप्राणित रही है और सत्य की परिपोषक भी ! इसलिए

उनके ये नाटक संस्कृत साहित्य की एक भिन्न परम्परा की आयोजना करनेवाले हैं–यह परम्परा निश्चित ही यथार्थवादी नियति से अनुप्रेरित है।

महाकवि भवभूति अपने नाटकों के विष्कम्भंकों में अधिक यथार्थवादी हैं। इस तरह जहाँ-जहाँ लोक संस्कृति से प्रभावित पात्रों के संवाद आते हैं या वे प्रस्तुत होते हैं–वहाँ-वहाँ लेखक जीवन के यथार्थ-बोध को अधिक मुखरित कर पाते हैं। इसी प्रकार बालकों के वार्त्तालाप और उनके क्रिया-कलापों में अधिक स्वाभाविकता के दर्शन होते हैं। भवभूति का अनुभव लोक-व्यापी है। अतः अपने चरित्रों की रचना में वे यथार्थवादी हैं। लोक-व्यवहार की दृष्टि से भी उनका ज्ञान अपरिमित है। अपनी इस सम्पूर्ण ज्ञान सम्पदा का प्रयोग उन्होंने अपनी चरित्र सृष्टि के निमित्त किया है। 'उत्तर रामचरित' में राम के चरित्र को मानवीय ऊष्मा से मंडित करके भवभूति ने राम को यथार्थ जीवन-चेतना के करीब ला दिया है। उनकी भाव-विह्वलता मानवीय अनुभवों से परिव्याप्त है। सीता के चरित्र में भावों की इतनी सबलता है कि वे एक सहज नारी के समान आचरण करती प्रतीत होती हैं। बारह वर्षों बाद सीता के कानों में राम के शब्द पड़ते हैं–और उनके हृदय में एक साथ एक के बाद एक स्तब्धता, प्रसन्नता, कारुण्य, आवेग के भावों का उदय होता है। मानवीय स्वभाव का ऐसा निदर्शन रचनाकार की अप्रतिम सफलता के रूप में निरूपित किया जा सकता है–

"तटस्थं नैराश्यादपि च कलुषं
विप्रियवशाद्वियोगे
दीर्घे स्मि झटिति घटनोत्तम्भितमिव
द्रवीभूतं प्रेम्णा तव हृदयमस्मिन् क्षण इव।"

सीता के चारु चरित्र में प्रेम के दाम्पत्य स्वरूप को ही प्रकट किया गया है। गार्हस्थिक दृष्टि से यह चरित्र तत्कालीन सामाजिक जीवन के यथार्थ का उदाहरण है। 'मालती माधव' के सभी पात्र अनुभव के यथार्थ से उद्भूत हैं। अपने सभी नाटकों में महाकवि भवभूति ने चरित्रगत संवेदनाओं को मानवीय भावनाओं से अनुस्यूत करके उनमें यथार्थ का रंग भरा है।

भवभूति का प्रकृति-चित्रण भी यथार्थ से ओतप्रोत है। वे प्रकृति के सूक्ष्म निरीक्षक कवि हैं। विन्ध्याचल की बीहड़ पथरीली और बनैली भूमि का चित्रण वे अपनी तबियत के साथ करते हैं। अधिकतर वे प्रकृति के भीषण रूप को ही रचते हैं। यद्यपि वे प्रकृति के रमणीय स्वरूप का भी चित्रण करते हैं–किन्तु ऐसे स्थलों में वे अधिक स्वाभाविक नहीं हो पाते। प्रकृति भवभूति की शक्ति है। अपनी अनुभवगत क्षमता के कारण सत्य है कि भवभूति को अपने रचना-क्रम को प्रतिष्ठित करने के लिए अपने जमाने में बेहद जद्दोजहद करनी पड़ी थी। वे लम्बे काल तक अवमानना झेलते रहे थे। उनके इस कथन में–"उत्पस्यते च मम कोऽपि समानधर्मा कालो ह्यं निरवधिर्विपुला च पृथ्वी।" उनकी हृदयगत पीड़ा ही प्रकट हुई है। उनकी सूक्तियों में आक्रोश है। लोक के व्यापक

स्वरूप के अन्वेषण की अपूर्व क्षमता है। अपनी इन्हीं विशेषताओं के कारण वे समाज-बोध और जीवन-बोध के यथार्थ शिल्पी बन जाते हैं। उनका लोकाभिमुख रचनाकार अपनी यथार्थवादी दृष्टि के कारण ही अपनी प्रमाणिकता सिद्ध कर देता है।

लोक-भावना

लोक देवता शिव

देवों की लोकधर्मिता उनकी विश्वसनीयता का प्रमाण है। लोकचित्त अपने स्वभावानुकूल अपने देवता को भी संरचित करता है और उसके स्वरूप में व उसके अनुभव में स्वयं अपने होने की प्रतिष्ठा करता है। देवता का लौकिकीकरण सहज मानवीय संवेदनाओं का सम्प्रसारीकरण है। मानवीय संवेदनाओं के संरक्षण, पोषण और अनुरंजन के लिए देवता को नाना रूपों और विधानों में अवतरित होना पड़ता है। लोक की आकांक्षा ही विराट को अपने अनुकूल व्यंजित करती है। लोक के विश्वास, लोक के अनुष्ठान और लोक के स्वभाव रंग देवता को जमीनी पहचान देने की निरन्तर कोशिश करते रहते हैं। लोक परम्पराएँ अपने बदलते परिपथों में अपने देवता को भी विभिन्न अनुषंगों में आविष्कृत करती रहती हैं। जो देवता इन बदलते परिवृत्तों में अपने को सन्धारित कर पाता है, वह लोक के साथ ही अपने को व्याप्त करते हुए मिथकीय सत्ता में पर्यवसित हो जाता है। महादेव शिव लोक देवता इसी रूप में हैं कि वे लोक के चरित्र में अपने को ढालते रहे हैं। वे मिथकीय लीजेंड की तरह भारतीय साहित्य, अध्यात्म एवं सांस्कृतिक परिवेश में उभरते रहे हैं। वे प्रतीकों के प्रतीक भी बनते गए और विभिन्न संस्कृतियों के समन्वय की केन्द्रक शक्ति के रूप में भी आकृतिवान होते गए।

भारतीय संस्कृति में शिव गजब के मिथक देवता हैं। प्राकृतिक प्रतीकों से लेकर लोक-विश्वासों के घरेलू और निजी प्रतीकों तक पुराकल्पी शिव सर्वव्याप्त भी हैं और बहुत वैयक्तिक अनुभव ऊष्मित भोले देवता भी हैं–

लोकधात्री निभं भूमिः पदौ सज्जन सेवितौ
सर्वेषां सिद्ध योगानामधिष्ठानं तवोदरम्
मध्यऽन्तरिक्षम् विस्तीर्ण तारागणम् विभूषितम्
तारापथ इवाभाति श्रीभगहारस्तवोरंसि
दिशा दश भुजास्तै वै कैयूरांगद भूषिताः
विस्तीर्ण परिणाहश्च नीलाम्बुद चयोपमः ॥ वायुपरुगुण–24, 151, 157।

यह लोक माता पृथ्वी आपके दोनों चरण हैं। सज्जन जिनकी सेवा करते हैं। सिद्ध योगियों का निवास स्थान तारापथों से विभूषित विस्तीर्ण पृथ्वी और आकाश के बीचवाला अन्तरिक्ष आपका उदर है। तारागण आपके वक्ष पर चमकता हुआ हार जैसा

प्रतीत होता है। दसों दिशाएँ केयूर और अंगद से विभूषित आपकी दसों भुजाएँ हैं। आपकी फैली हुई विशालता नील जलद माला जैसी है। आकाश की विस्तृत नीलिमा ही शिव के केश हैं। इसलिए वे व्योमकेश हैं। चन्द्रमा शिव का शिरोभूषण है–अतः वे चन्द्रशेखर हैं। काल जो सृष्टि कल्पना में सबसे प्रचंड और बलशाली है–शिव के शरीर पर तुच्छ कीट की तरह रेंगता रहता है। सृष्टि को स्थिरता प्रदान करनेवाली शक्ति दिक् शिव का कटि-वस्त्र है। इसी विराट में सृष्टि उदित होती है, सम्भरित होती है, और लय होती है। इसलिए शिव की क्रियात्मक चेष्टाओं का विभाजन भी सृजन, पालन और संहार के रूप में किया गया है। यह शिव जब घर के आँगन में तुलसी चौरे पर नर्मदा की बटिया बनकर पूजे जाने लगते हैं, तब उनकी नितांत घरेलू प्रतीति ही प्रकट होती है। शिव भारतीय जीवन के समग्र देवता हैं। भारतीय व्यक्ति ने शिव में अपनी अस्मिता की तलाश निरन्तर की है। शिव की सहजता और शिव की गूढ़ता ये दोनों बिन्दु भारतीय मनीषा के दो छोर हैं। वे अनेक पुटी देवता हैं। इन पुटियों में अनेक संस्कृतियों के उपाख्यानों और अनेक लोकानुमानों की भस्म श्रोणियाँ सुरक्षित हैं। शिव भारतीय संस्कृति के प्रवाह की अन्तर्वती धारा हैं।

पौराणिक शिव वैदिक रुद्र से आविर्भूत देवता हैं। वैदिक रुद्र का ही समयांतर के साथ लोक विस्तार में विकास होता गया और वे ही अनेक नामों और अनेक लीला रहस्यों में अभिन्न कल्प करते रहे हैं। वैदिक स्तर पर रुद्र को झंझावाती एवं विनाशकारी विद्युत और प्रचण्ड अग्नि के प्रतीकत्व में अवबोधित किया गया है। ऋग्वेद में रुद्र मध्यम श्रेणी के देवता हैं। (ऋग्वेद 1, 1142, 35) ये तीनों प्राकृतिक शक्तियाँ भयभीत करनेवाली और विनाशकारी हैं अतः रुद्र को मृत्यु का देवता भी मान लिया गया था। इन प्राकृतिक शक्तियों के समन्वय से उद्‌भूत तेजस रूप रुद्र की परिकल्पना घने बादलों में चमकती हुई विद्युत और साथ-साथ होनेवाले घनघोर गर्जन और वर्षण में अभिव्यक्त हुई है। कपर्दिन जटाजूट धारी दिवोवराह कल्पलीकन दहकनेवाले आदि विशेषण रुद्र के साथ इस रूप को प्रकट करते हैं। प्रकृति के कठोर और ज्वलंत रूप में उसकी सौम्य और हितकारी क्षमताएँ भी छिपी रहती हैं। कठोर करका और प्रचण्ड वर्षा ही धरती को उर्वर बनाती है। औषधिशालिनी बनाती है। इसलिए रुद्र महाभिषक् भी हैं। रुद्र को प्रजननक्षम देवता इसी सन्दर्भ में माना गया है कि उन्हें वृषभ उपाधि से विभूषित किया गया है। (ऋग्वेद 2, 33, 688) आर्येतर जातियों के मुनि वर्ग के सम्पर्क के कारण रुद्र केशी नाम से अभिहित किए गए। पशुओं की सुरक्षा करनेवाले रुद्र पशुपति माने गए। ऋग्वेद में रुद्र के इन्हीं रूपों की चर्चा प्राप्त होती है।

अथर्ववेद में रुद्र के साथ श्वानों के झुंड विचरण करते हैं। मृतमांसभक्षी होने के कारण इन श्वानों के साथ रुद्र का निवास श्मशान हो जाता है। अथर्ववेद में रुद्र प्राकृतिक शक्तियों के प्रतीकत्व से मुक्त होकर पुरुषविध रूप में पर्यवसित हो गए। यहाँ पर उनके अनुचर गणों की चर्चा भी होने लगी। वे भूत-पिशाचों के देवता की तरह अथर्ववेद में प्रतिष्ठित हुए और उनका सामाजिक दृष्टि से लौकिकीकरण होना प्रारम्भ

हो गया। वे व्याधियाँ फैलानेवाले, आतंकित करनेवाले देवता के रूप में महादेव हो गए। अथर्ववेद में रुद्र केवल व्याधियाँ ही नहीं फैलाते, वे व्याधिनाशक भी बनते हैं। (अथर्ववेद–11, 2, 7) अथर्ववेद के रुद्र का ही पौराणिक शिव के रूप में विकास हुआ है। वैदिक रुद्र के साथ लौकिक जीवन दृष्टियों का समाहार होता गया और लोक की तराश में वैदिक प्रतीकात्मकता चरित्र की कथा संरचना में अभिसूत्रित होती गई। रुद्र के साथ व्रात्यों का समावेश अथर्ववेद काल में ही हुआ और रुद्र ईशान तथा महादेव की उपाधि को धारण करनेवाले बन गए।

यजुर्वेद में रुद्र की भयंकरता का उल्लेख है। उन्हें अपने शरों से अभयदाता भी माना गया है और यहीं से वे शिव सम्बोधन प्राप्त करते हैं। अथर्ववेद में रुद्र का वास भूजपर्वत अर्थात् हिमालय के आसपास माना गया–जहाँ निश्चित ही रुद्र का सम्पर्क वहाँ की किरात आदि जातियों से हुआ और वे लोक जीवन के बहुत करीब आते देवता बन गए। महाभारत में तो शिव किरातरूपधारी शिव ही बन गए। यजुर्वेद तक रुद्र भिन्न देव शक्तियों के एक प्रतीक पुंज ही हो गए थे। यहाँ से वे लोक इच्छाओं के अनुरूप ढलने लगे थे। लोक की द्रोणी में रुद्र की पिघलती आँच अनेक प्रकार की प्रभाच्छवियों का सृजन कर रही थी। यजुर्वेद के रुद्र लोक में इस कदर घुल-मिल गए कि वे चोरों-डकैतों-गलकटों तक के सरदार बन गए। स्तेनानांपति, स्तायूनांपति, तस्काराणांपति, विकृतांनांपति, कुलुंचानांपति उनकी उपाधियाँ हो गईं। रुद्र के रूप में एक विचित्र भिन्न जातीय सम्मिश्रण की झलक उनके लोचदार स्वरूप की ओर ही संकेतिक करती है। लोक देवता की शक्ति उसकी लचीली अवधारणा में निहित होती है। वनचर जातियों के अनुरूप अपनी जीवनचर्या को प्रस्तुत करनेवाले रुद्र वनानांपति और कृत्तिवासा भी बन गए। विभिन्न जातियों ने अपने विश्वासों का समर्पण रुद्र की सम्भावनाओं हेतु किया। इस प्रक्रिया में रुद्र आर्येतर जातियों की लोक धारणाओं को धारित करते गए और आर्येतर जातियों के व्यवहारों और मनुहारों में बँधते गए।

ब्राह्मण ग्रन्थों का रुद्र एक विशिष्ट देवता की तरह उभरकर प्रथम श्रेणी में उपस्थित हो चुके थे। रुद्र के रूप का विस्तार अधिक लोकोन्मुखी हो गया था और वे पौरोहित्य कर्मकांड की जकड़बन्दी से छिटककर एक सर्वतन्त्र स्वतन्त्र देवता इस रूप में बन गए थे कि उनका लोक आधार बहुत पुष्ट और व्यापक हो गया था। वे केशियों और मुनियों के संसर्ग के रहस्यमय तपोमार्गी और चिन्तन स्वभावी पुरुष के रूप में प्रतिष्ठित हुए। उपनिषद् साहित्य में रुद्र का सम्बन्ध दार्शनिक विचारधारा और योगाभ्यास के साथ हो गया। श्वेताश्वेतर उपनिषद् में पुरुष और शक्ति की जो परिकल्पना की गई है–उसमें शक्ति प्रकृति है और पुरुष स्वयं रुद्र है। इसी स्तर पर शिव परब्रह्म की कोटि में पहुँच जाते हैं। उपनिषद् काल के समानान्तर ही भक्ति की पयस्विनी प्रवाहित होने लगती है और लोक-चेतना की अजस्र और अनाविल धारा इस पयस्विनी से मिलकर एक सामाजिक संगम निर्मित करने लगती है। शिव की अवधारणा भक्ति उच्छलन से स्नात होने लगी और वे लोकचित के सबसे अनुकूल देवता के रूप में व्यक्त होने लगे।

गुह्यसूत्रों में शिव की परिकल्पना में उनके परिवार और परिसर की भी समन्विति हो गई और शिव पूर्णतः लोक भित्ति पर उत्कीर्ण पारवारीय जन के लीला-कलापों के प्रतीक हो गए।

रामायण में शिव का योगी स्वरूप केन्द्रीय रूप से उभरकर आया। वे महायोगी कहलाने लगे। रामायण में ही लोक प्रचलित पारिवारिक और सामाजिक मान्याताओं में शिव को आवेष्ठित किया गया। शिव के चरित्र का कथात्मक विकास और घटनात्मक संयोजन लोक की अपनी धारणा से प्रसूत है। शिव परिवार में उमा, हेमवती, गणेश आदि की उपस्थिति ने लोक भावना की व्यापकता को परिपुष्ट किया। इसी सोपान से शिवोपासना में लोक प्रचलित रूप का भी प्रारम्भ हुआ। यहाँ तक आते-आते वैदिक रुद्र के साथ संलग्न प्रतीक कथाएँ एकदम लुप्त तो नहीं हुईं किन्तु वे निष्प्रभावी-सी हो गईं। इनके स्थान पर शिव के साथ एक नए कथा-चक्र का प्रवर्तन हुआ जिसमें लोक दृष्टि की वेगवान क्षमता ही शक्ति बनकर प्रकट हो रही थी। शिव द्वारा विषपान, गंगावतरण, शिव विवाह आदि अनेक घटनाओं का लोक स्तर पर ही अवधारण हुआ। शिव परिवार में नन्दी की उपस्थिति भी इसी काल में दर्ज की गई।

महाभारत में शिव की उपासना के दो रूप स्पष्टतः प्रतीत होते हैं—एक दार्शनिक परम्परा प्रसूत है और योगाश्रित है। और दूसरा लोक प्रचलित चरित्र वलय वेष्टित है। लोक प्रचलित स्वरूप में भक्ति की प्रधानता निहित है। शिव की औढरदानी प्रकृति, सद्यः द्रवणशील दयार्द्रता और भक्तानुकम्पी भावना इसी लोक आराधना की प्राण बन जाती है। यहीं से लोक के कर्मकांडीय व्रत-उपवासों के केन्द्र में शिव की आराधना अवस्थित होती है। पार्वती और शिव के दाम्पत्य का लोकानुगामी विकास हुआ। वे लोकजन की मृदुल और ललित भावनाओं के अनुकूल अपने स्वरूप में अधिक लावण्यमय बन गए। इसके साथ ही वे रौद्ररूपधारी शिव के रूप में शत्रु संहारक पिनाकधारी बने रहे। महाभारत में ही शिव के कापालिक स्वरूप की चर्चा है। जो लोक अनुभवों से ही उत्प्रेरित है। वे श्मशानवासी भूत-पिशाच सेवित देवता बन गए। आदिम जातियों के लोक प्रचलित अन्धविश्वासों के जादू-टोनेवाली अधिधारणाओं से शिव का समागम होता गया। वे जादू-टोना एवं तन्त्र-मन्त्र के शावरजाल सिरजनेवाले देवता हो गए। पुराणों में शिव के समान ही पार्वती को लोकहित रक्षा में प्रवृत्त माना गया। इसी स्तर से शिव स्वरूप की अर्द्धनारीश्वर कल्पना का सूत्रपात हुआ। लोक के सोपान पर पार्वती सौभाग्य की देवी बनीं। पति प्रदाता और अन्नपूर्णा पार्वती लोक देवी हैं। पुराण काल में ही शिव और पार्वती घरेलू संस्कारों में आवेष्ठित हो गए और वे लोक मान्यताओं के सर्वप्रिय देवता बन गए। पुराणों से शिव के कापालिक रूप की महत्ता भी स्पष्ट होती है। अघोरियों और कापालिकों ने इस स्वरूप की आराधना लोक की पृष्ठभूमि पर की है। भस्मधारी और नग्न शिव की आराधना कापालिक सम्प्रदाय की लोकाराधना ही थी। पुराणों में ही शंकर को विलासी रतिक्रीड़ा निमग्न देवता के रूप में स्वीकार किया गया है। उनका नटराज स्वरूप और अधिक विकसित हुआ। परवर्ती साहित्य में भी शिव के

मिथकीय स्वरूप को ही अधिक व्याख्यायित किया गया और उन्हें लोकाभिमुखी देवता मानकर लोक की मानसिक प्रतिबद्धता में आविर्भूत देवत्व प्रदान किया गया।

वैदिक साहित्य से लेकर पौराणिक साहित्य तक शिव के जिन स्वरूपों की चर्चा की गई है—उनमें मुख्यतः प्राकृतिक शक्तियों की भयंकरता और उनकी उर्वरता के प्रतीक रूप शंकर, श्मशानी कापालिक और महाभोगी शंकर, रति प्रिय कामारि शंकर, जादू-टोना, तन्त्र-मन्त्र के अधिष्ठाता देवता शंकर, महाभैरव और महा मद्यप शंकर के साथ-साथ दार्शनिक और लोक चित्तानुकूल गृहस्थ शंकर को व्याख्यायित किया जा सकता है। लोक देवता शंकर का स्वरूप—यद्यपि वेदों की रहस्यमूलक प्रतीकात्मकता में ही निहित है। उनका विकास भी शनैः-शनैः शंकर की परिवर्तित रूपछवियों में हुआ है किन्तु लोक ने अपने स्वभाव के अनुकूल उनकी धारणा में परिवर्तन किया है। लोक के शिव मूलतः भक्तिधारा की लहरों के बीच सँवरते शिव हैं। वे इसी आधार पर विश्वास के प्रतीक बनते गए। भक्ति मार्ग ने शैव-चिन्तन की जो प्रशस्ति उपस्थित की है, वह अनेक मतमतांतरों-सम्प्रदायों का समन्वय है। यह समन्वय शिव की लोक विश्वासपरक धारणा में अभिव्यक्त हुआ है।

शिव का भोलापन, उनकी सर्व प्रसन्न छवि, उनकी औढरदानी प्रवृत्ति का परिचय अनेक लोक कथाओं में अभिव्यक्त हुआ है। भस्मासुर प्रसंग में शंकर का भोलापन ही तो जाहिर होता है। लोक-कथाओं में प्रचलित चोर-कथा एक ऐसी ही कथा है—जिसमें एक चोर शंकर की पिंडी पर खड़ा होकर स्वर्ण घंटा छोड़ता है। शंकर प्रकट हो जाते हैं और वरदान देने का हठ करने लगते हैं। उनका तर्क होता है कि सब मेरे ऊपर बेलपत्र, चन्दन, फूल आदि चढ़ाते हैं किन्तु तू तो स्वयं चढ़ गया है। भारतीय ग्रामीण बहुत भोला है। वह भोलेपन पर ही मुग्ध होता है। उसने स्वबिम्ब की तलाश भोले बाबा शिव में कर ली और ऐसी लोक कथाएँ सृजित कीं जिनमें शंकर औढरदानी हैं—भोले बाबा हैं और यदा-कदा प्रकट होकर कष्ट का निवारण करते हैं। पद्मावत की लोक प्रचलित कथा में रत्नसेन को समुद्र में शंकर-पार्वती ही बचाते हैं। प्रायः प्रेम कथाओं में शंकर-पार्वती उपस्थित हो जाते हैं। किसान के घर-खेत में भी उसकी विपत्ति हरने के लिए शंकर कटिबद्ध दिखाई देते हैं। पार्वती किसी को यदि दीन-दुखी देखती हैं, तो वे शंकर से उसके दुखों को दूर करने का निवेदन करती हैं। शंकर अपनी सदाशयता से उसके दुख का हरण करते हैं। सोलह सोमवार व्रतकथा में शंकर को चमत्कारी लाभ देनेवाला देवता बना दिया गया है। शंकर जटाधारी हैं—गंगाधारी हैं। जहाँ जल का स्रोत फूट पड़ता है—वहाँ शंकर का चबूतरा बन जाता है। वीरान-वनखंडी तक में शंकर अपनी धूनी रमाए मिल जाते हैं। स्त्रियों की व्रतकथाओं के मध्य शंकर सौभाग्य प्रदाता देवता के रूप में प्रतिष्ठित हैं। लोक कथाओं के शंकर निश्चित रूप से पुराणकालीन शंकर का ही अवतरण हैं।

शंकर लोक जीवन में लोकानुभूतियों से परिचालित हैं। लोक काव्य में शंकर को लोक ने अपनी धारणाओं के अनुरूप ही साक्षात् किया है। यहाँ एक तथ्य ध्यातव्य है

कि शिव लोक के खुले हुए देवता हैं। उन तक लोक जन की बेरोक-टोक पहुँच है–वे प्रकृति से विचित्र किस्म के देवता हैं। अन्य देवताओं के साथ लोक ने इतनी हिल-मिलकर और खुलकर बातचीत नहीं की है–न अन्य देवताओं के साथ जन बहुत खुला है। इसलिए शिव के साथ वह अठखेलियाँ भी कर लेता है। शिव के स्वरूप की विचित्रता में वह अपने अनुरंजन के क्षण भी तलाश लेता है। लोकगीतों में शंकर समस्त उत्तरभारत में स्मरण किए जाते हैं। मैथिल में विद्यापति के उगना हों या बुन्देलखंड में पीपल के नीचे विराजमान पीपलेश्वर हों–सभी जगह वे एक जैसी हाजिरी देनेवाले देवता हैं। लोक के अनुरंजनकारी ठेठ देहाती लहजे में शिव गाँजा-भांग के पियक्कड़ देवता बन जाते हैं। शंकर का यह रूप सम्भवतः वेदों से होता हुआ पौराणिक धारणा के कापालिक स्वरूप से ही निःसृत हैं। गँजेड़ियों की जमात में बम भोले शिव सिरनामा देवता हैं। बुन्देली लोकगीतों में तो गौरा-पार्वती गँजेड़ी शंकर की चिलम भरते-भरते परेशान हैं। "भोला गाँजों पिएँ दिन रात गौरा लम्बी चिलम लयें हाथ।" दिन-रात गाँजा के नशा में धुत्त शंकर की तारी यदा-कदा ही खुलती है। शंकर का विवाह भी लोकगीतों के हास्य की फुलझड़ियाँ छोड़नेवाला है। शंकर की बरात तो तुलसी ने लोकगीतों से ही चुनकर सज्जित की है। जस दूलह तस बनी बराता। भूत-बैताल, पिशाच आदि के साथ श्मशानी शिव का स्वरूप पुराणों तक स्पष्ट हो चुका था। लोक ने इन सबको बाराती बना दिया और दूल्हा तो ऐसा सजाया गया–जो भूतो न भविष्यति। नागफण का मौर, नाग कुंडलियों के भुजबन्ध, बिच्छुओं के कुंडल, ततैयों की अँगूठी शंकर की शोभा बन जाते हैं। दूल्हा के इस वेश को देखकर हिमाचल के नागरजन आबालवृद्ध दहल जाते हैं। मैना मूर्च्छित हो जाती हैं। नाईन नेग माँगती है–नेग माँगने में वह किंचित सावधान है। शंकर बिच्छू का कुंडल उतारकर ओली में डाली देते हैं। नाईन पल्लू झाड़ती हुई चीखती-चिल्लाती भागती है। मैना पार्वती को कोसती हैं–और कहती हैं–"ऐसे वर से वे अपनी पुत्री का विवाह नहीं करेंगी। पुत्री को लेकर पहाड़ से कूद पड़ेंगी, समुद्र में डूब जाएँगी।" एक माँ के संक्षुब्ध हृदय की मार्मिक अभिव्यक्ति इस लोक में है।

शंकर पार्वती के दाम्पत्य के रमणीय स्निग्ध क्षण भी लोकगीतों में सुरक्षित हैं। नटराज शंकर को लोक भुला नहीं पाया और शंकर-पार्वती की नृत्यमुद्रा को उसने अपने शब्दों में बाँध लिया–"डम डम डमरू बजत आवे। पार्वती भोला नचत आवे।" शंकर के दाम्पत्य में लोकानुरूप खटाई भी आ जाती है। पार्वती रूठ जाती हैं। शंकर उन्हें मनाते हैं। पार्वती कहती हैं–मैं तो तुम्हारी गृहस्थी से बाज आई। कहाँ तक खटती रहूँ। बैल, चूहा, मोर, साँप, बिच्छू तुम्हारे घर में निरन्तर रहते हैं। इन्हें मैं ही तो खिलाती-पिलाती हूँ। तुम्हारे साँप, बिच्छू कहाँ तक देखूँ-तकूँ ! फिर तुम्हें तो नशा पत्ती से ही फुर्सत नहीं। घर है कि कबाड़खाना है। चटाई की दीवारें हैं। मिट्टी के टूटे-फूटे एक-दो परात हैं। तुम्हारे घर में ढूँढ़ने पर भी भुंजी भांग न मिले। मेरे तो करम फूट गए।" वे मायके जाने की धमकी देने लगती हैं। तभी शंकर का ऐश्वर्य प्रकट होता है। ऋद्धियाँ-सिद्धियाँ स्वर्ण और रत्न के भंडार भर देते हैं। पार्वती मुस्कुराती हैं–और हँसकर कहती हैं–"मेरे तो

बड़े भाग हैं–जो मैंने शंकर जैसा पति पाया।'' दाम्पत्य की यह मीठी सी अनुभूति लोक चित्त की उपज है। लोक में शंकर को बब्बा का सम्बोधन प्राप्त है। घर का बड़ा-बूढ़ा बुजुर्ग ही बब्बा है। सम्भवतः जगत पिता के अनुरूप ही लोक ने उन्हें यह पहचान प्रदान की है। महादेव बब्बा से मिलकर लोक को माता-पिता से मिलने की अनुभूति होती है–''महादेव बब्बा ऐसे मिले रे जैसे गिले मतारी और बाप रे।'' मकर संक्रान्ति के आसपास गाए जानेवाले बुन्देली लोकगीतों को बमभुलिया नाम दिया गया है। बमभुलिया या बाबा के गीत शंकर के चरित्र को केन्द्र मानकर रचे गए हैं।

लोकगीतों में शिव और विष्णु का एका भी प्रकट किया गया है। विष्णु के अवतार राम और कृष्ण के बाल स्वरूप के दर्शन हेतु शंकर बाल योगी का वेश धारण कर पहुँचते हैं। लोकगीतों में शिव की आकृति लोक-जन की आकृति के करीब है। किन्हीं-किन्हीं लोकगीतों में शिव को दाढ़ी-मूँछवाला प्रौढ़ स्वरूप प्रदान किया गया है। लोक ने शिव को जितना अनुराग दिया है–सम्भवतः कोई दूसरा देवता इतने अनुराग का पात्र नहीं बन पाया है। शिव तन्त्र-मन्त्र, उपासना के क्षेत्र में भी लोक के प्रमुख देवता हैं। मन्त्रों की हंकारी में शिवरूपी ईश्वर का ही स्मरण किया गया है। मन्त्रों में शिव से सम्बन्धित अखाड़ियाँ ही अधिक हैं। ''फुरे मन्त्र ईसुरी बाचा'' हंकारी में ईसुरी बाचा शिव की ही वाणी है। तुलसीदास ने भी इस ओर संकेत किया है–''साबर मन्त्र जाल जिहि सिरजा''। शंकर की बाचा फुरनेवाली बाचा है।

लोक ने शंकर की आराधना पद्धति भी सरल बना दी है। शिवलिंग की उत्पत्ति के मूल में लोक-चित्त की ही अपनी परिकल्पना है। अनेक विद्वानों ने यह मत व्यक्त किया है कि शिवलिंग मूलतः जननेन्द्रिय की पूजा से ही सम्भूत आकृति है। लिंग पूजा का सम्बन्ध उर्वरता से है। आदिमकाल में सम्भवतः उर्वरता के देवता को लिंग और योनि में ही प्रतिष्ठित किया गया है। यद्यपि यह तथ्य सर्वमान्य नहीं है। कुछ अन्य विद्वानों ने लिंग पूजा में लिंग की दार्शनिक व्याख्याएँ प्रस्तुत की हैं। इसके अन्तर्गत उन्होंने लिंग को ईश्वर की ही आकृति माना है और जीवन के अनेक आध्यात्मिक प्रतीक इस आकृति से जोड़े गए हैं। किन्तु ऐसा प्रतीत होता है कि जैसे लिंग पूजा में लोक की जननेन्द्रिय सम्बन्धी धारणा अधिक महत्त्वपूर्ण रही हो। लोक में जननेन्द्रियों का खुला चित्रण वर्जनाओं के अधीन नहीं हुआ है। चाहे शिल्प में हो, चाहे चित्रों में हो, चाहे लोकगीतों में हो जननेन्द्रियों एवं उनकी काम प्रेरित सहवास क्रियाओं का प्रदर्शन सृजन-उत्सव के रूप में ही किया गया है। राजस्थान में अभी भी एक देव की पूजा होती है–जिसमें देव मूर्ति बनाई जाती है–और उसके लिंग की पूजा की जाती है। उस देव की सवारी भी निकलती है। महिलाओं में यह पूजा सौभाग्य की प्रतीक मानी जाती है। बुन्देलखंड में कहीं-कहीं दोज पूजा में गोबर से बनाई गई मूर्तियों में लिंग-रचना की जाती है और उसकी पूजा होती है। विवाह चूँकि सृजन महोत्सव भी है–इसलिए इसमें तो जननेन्द्रियों से सम्बन्धित तथ्यों का बखान सामूहिक स्तर पर होता है। समरौटी भेजने की जो प्रथा है–उसका एक हिस्सा लिंग निर्माण से सम्बन्धित है। समधिनें प्रायः आटे का लिंग

बनाकर समरौटी के पिटारे में रख देती हैं। इसमें इस बात का भी निर्देश होता है कि इसका पूजन होना चाहिए। विवाह के समय गाई जानेवाली गारियों में तो रति क्रीड़ा सम्बन्धी तथ्यों का भरपूर प्रयोग होता है। निश्चित ही लोक में जननेन्द्रियों और रति क्रियाओं का उल्लेख धार्मिक विधान का एक हिस्सा रहा है। आदिम जातियों के टोटम भी जननेन्द्रियों से सम्बन्धित पाए जाते हैं, जो धार्मिक कर्मकांड के आदिम स्रोत भी हैं। अतः शिवस्वरूप को लिंग रूप में प्रतिष्ठित करने का विधान लोक प्रेरित ही है।

शिव पूजा में शिव की पूजा-मूर्ति केवल लिंग स्वरूप ही नहीं है–वह मानव आकृति में भी लोक जीवन के अनुरूप बनाई गई है। मूर्ति विधान के अन्तर्गत भी शिव लोक-प्रेरित दृष्टि से अपने रूप बदलते रहे हैं। हिमालय में वे बर्फ की पिंडी के अमरनाथ हैं, तो दक्षिण में समुद्र तट की रेत से निर्मित रामेश्वर हैं। मध्य प्रदेश में नर्मदा से प्राप्त काले पत्थर से नर्मदेश्वर तो घर-घर में पूजित हैं। मजदूर-किसान, कर्मचारी-व्यापारी, पंडित-गँवार और नर-नारी सबके लिए सहज, सुलभ सर्वहारा वर्ग के सर्वप्रिय देवता लोकतन्त्र के सर्वोच्च प्रतीक शिव आस्था और विश्वास के सर्वोपरि प्रतीक रहे हैं। मृत्तिका से दैनंदिन रूप में बनाए जानेवाले शंकर की लोक-सम्पृक्ति निश्चित ही इस देश की मिट्टी की पवित्रता को उजागर करती है। यही मिट्टी तो श्रद्धा-विश्वास की धात्री है–और भवानी शंकर तुलसी की भाषा में श्रद्धा-विश्वास रूपिणी हैं। यहाँ का प्रत्येक कंकर शंकर है। विल्वपत्र, धतूरे का फूल और श्मशान की राख के प्रेमी शंकर अपनी आवश्यकताओं में बहुत गरीब श्रेणी के देवता हैं। एकदम फक्कड़ और अलमस्त बाबा–भारतीय जन-जीवन के महान प्रतीक हैं। लोक ने शिव में अपने को खोजा है–और अपने में शिव को पाया है। इसीलिए लोक का कंठ उन्हें सबका बनाकर उन्हें सबसे भिन्न कर देता है–"जैसे पार्वती को सैयाँ ऊसौ तीन लोक में नैयाँ।" भला किस देवता की सानी है कि वह लोक की आराधना का शिव जैसा केन्द्र बन सके।

लोक संस्कृति और नर्मदा

नर्मदा संस्कृति की आदिस्रोत नदी। विन्ध्याचल का यह भूभाग जिसकी चट्टानी छाती पर से नर्मदा बहती है–विश्व की आदिम संस्कृति को अपने गर्भ में छिपाए हुए है। नर्मदा क्षेत्र में पुरा उत्खनन से यह सत्य उद्घाटित हुआ है कि नर्मदा घाटी की सांस्कृतिक संरचना का इतिहास लाखों वर्ष पुराना है–जब हिमालय ने आकार ही ग्रहण नहीं किया था तब मेकल और सतपुड़ा शैलमालाओं के बीच एक जीवन धारा प्रस्रवित हो उठी थी। सांस्कृतिक यात्रा के न जाने कितने पड़ावों की साक्ष्यस्थली रही है–नर्मदा की तटीय भूमि ! इस भूमि के विस्तार में आज भी सांस्कृतिक पुरा अवशेषों का समृद्ध संसार उपलब्ध हो रहा है। जबलपुर के आसपास पाए जानेवाले डायनासॉर के फॉसिल्स और सांस्कृतिक कला-चर्चा के विभिन्न उपकरणों एवं प्रसाधनों की उत्खनित उपलब्धता यह सिद्ध करती है कि नर्मदा के आसपास मानव सभ्यता के अनेक आस्तरणों के सीवन रहस्य को अपने गर्भ में छिपाए हुए है। पुराणों में नर्मदा को कल्पांत स्थायिनी नदी कहा गया है। यही नर्मदा की अमृता शक्ति है।

आदि देव शंकर के श्रमसीकरों से जन्म लेनेवाली नर्मदा मानवीय जीवन के उत्ताप की वह रचना है–जिसमें कर्म-जन्य आनन्द का आलोड़न-विलोड़न है, जो विन्ध्य और सतपुड़ा की हेकड़ जातियों के श्रान्त काले शरीरों के पसीने की धार की तरह काली-काली चट्टानों को तोड़ती-फोड़ती प्रवाहशीला है। मेरे लिए तो शंकर कर्पूरगौर तब हुए हैं, जब वे हिमालय के कैलाश शिखर बिहारी बने। शंकर की जटाओं से गंगावतरण का दिव्य रूपक भी शिव पुरुष की इसी छवि को सम्बोधित है, किन्तु नर्मदा को जन्म देनेवाले शंकर तो शबर-भिल्ल, गोंड, कोरकू और अन्य दक्षिणावर्ती जातियों के आराध्य थे–उनके रूपरंग के अनुरूप ही काले पत्थर की पिंडी में आकृतिवान होनेवाले पहाड़ों, खाइयों, खेतों-खलिहानों में उनके साथ-साथ चलनेवाले औघड़दानी शंकर ! शंकर लोक चित्त के अनुरूप देवता हैं। इसलिए लोक देवता के शरीर से उच्छलित नर्मदा मुझे सदैव लोक नदी लगती रही है। कहीं किसी स्वर्ग से उतरनेवाली नदी यह नहीं है, प्रत्येक काल में यह नदी लोक-जीवन के दुख-सुख से इसी स्वभाव के कारण जुड़ी रही है।

सोन और नर्मदा की प्रणय कथा लोक की अपनी प्रणयकथा है जिसने अपनी आत्मीयता में नर्मदा को भी भिगो दिया। लोक की दृष्टि व्यापक और अनाविल होती है–इसलिए उसमें जड़-चेतन का भेद नहीं है। नदी की पीड़ा उसकी अपनी है। नर्मदा

उल्टी क्यों बह रही है ? वह किसी गहन पीड़ा से जनमा आवेश और मान है। लोक को यह समझते देर नहीं लगी और असूयामान की अपनी छटपटाहट को नर्मदा के उद्दाम उफनाते-दनदनाते वेग के साथ जोड़ दिया। लोकगीतों में यह प्रणयकथा लोक स्वभाव के अनुरूप ही गूँथी गई है। दूती जोहिला गई थी नर्मदा का सन्देश लेकर सोने के पास और स्वयं बन गई सोन की अंकशमयिनी–

"माई नरबदा सोन बहादुर जोहिला ला लई जई निहाय
गोड़े के पैरी उतार नरबदिया जोहिला लै लै पहिराय हो माय
या जोहिला बहै रेता अर पथरा
मईया कंच कुआरी रे–मईया कंच कुँआरी रे।"

नर्मदा के साथ लोक-जीवन की सहज आसक्ति में जो ऊष्मा है–वह सम्भवतः अन्य नदियों के साथ प्रदर्शित किए गए सम्बन्धों में नहीं। पतित पावनी वैसे तो सभी नदियाँ हैं–किन्तु पिता तुल्य संरक्षण देनेवाली केवल नर्मदा है–

"नरबदा मैया ऐंसी तो मिली रे
जैसे मिल गए मतारी और बाप रे।"

बाप का स्वभाव नर्मदा ने कैसे पा लिया ? आजन्म कँवारी रहनेवाली नर्मदा, काट-छाँट करनेवाली नर्मदा के भीतर पौरुष का एक सनातनी भाव है। यह पौरुष और कर्मठता की प्रतीक नदी है। उल्टा बहना निश्चित ही शक्ति का चरम अभियान है। वह शक्ति भी है और शक्तिमान भी है। वह महतारी भी है और बाप भी है। बुन्देलखंड की स्त्रियों में जो अक्खड़ता, जो श्रमशीलता और जो धैर्य पराक्रम है–उसी से तो नर्मदा की उल्टी चाल को समझा जा सकता है। लोक ने नर्मदा को कुछ अलग सन्दर्भ में भी स्मरण किया है। सामान्यतः सखी बिछोह की कल्पना को नदियों के साथ संलग्न करके नहीं देखा गया है। किन्तु नर्मदा की लहर की बाढ़ को देखकर सखी की यह आकुलता अत्यधिक मूल्यवान है–

"नरबदा तो दोई ढियन
मोरी गुइयाँ छिकी है पैलेपार रे।"

पैलेपार छिंकी गुईयाँ की चिन्ता लोक की अनुराग आशा-भरी गहन टीस को व्यक्त करती है। मित्रभाव का पुष्ट और चमकदार स्वरूप जैसा लोक में मिलता है–वैसा तथाकथित सभ्य और नागर समाज में नहीं मिलता। नर्मदा के कुमारी रूप के कारण ही उसमें निहित सखी-भाव की आकुलता को गुईयाँ-बिछोह की अहैतुकी नेह-भावना में ढाला गया है। नर्मदा ससुराल गई ही नहीं, इसीलिए तो उसके आसपास मायके का परिवेश जीवित है–मायके के सम्बन्ध जीवित हैं, मायके की स्मृति जीवित है–

''नरबदा के हाथी दरवाजे
मोरे मायके के दियरा दिखाएँ।''

मायके की स्मृति इतनी अचूक और इतनी विस्तारवाली दृष्टि सम्भवतः ही कहीं मिले–मायके के दियरों की झिलमिलाहट ससुराल में रहती नववधू की आँखों में आँसुओं की झिलमिलाहट दे जाती है–भले ही काव्य प्रकाशकार की दृष्टि नर्मदा की स्मृति सुरत व्यापार लीला में रमती रही है–

''सा चेवास्मि तथापि तत्र सुरत व्यापार लीला विधौ
रेवारोधसि वेतसी तरु तले चेतः समुत्कंठते॥''

किन्तु लोक की स्मृतियों में नर्मदा की एक विशेष छवि ही झाँकती है जो बहिन की छवि है, जो मतारी और बाप की छवि है, जो गुईयाँ की छवि है। मायके के खुले-खुले चमकीले परिवेश की धीमी-धीमी उच्छल गन्ध नर्मदा की कगारों से निःसृत होती रहती है। नर्मदा भले ही सन्तानवती नहीं रही, किन्तु बाँझों की कोख भरकर उन्हें मातृत्व की गरिमा प्रदान करनेवाली वे अवश्य हैं–

''नाभी सी वाघेसरी लहलह
जाई बड़ी नर्मदा पाक
देवी पूर्जता अमुक माई
भागुणु होय सो माँग
तुम्हारी दियो देवी सब कई छे
भद्र्यो जे अकंड भंडार
एक-दीजो हो बालो लहलह
कल में रहें थार्रा नाँव।''

लोक-विश्वास की अपनी मान्यताएँ और अपनी स्थापनाएँ हैं। बाँझों की कोख हरी-हरी करने की सामर्थ्य सामान्यतः देवियों में होती है। नर्मदा लोक के लिए साक्षात् देवी हैं। आज नर्मदा का जल धरती की कोख को हरा-भरा बना रहा है। विश्वास के भीतर पनपती तार्किक मीमांसा भी लोक के बाहर नहीं है। नर्मदा के साथ और भी लोक विश्वास जीवित हैं। नर्मदा के आसपास के अधिसंख्य लोग मरणोत्तर संस्कारों में अस्थिप्रवाह नर्मदा में ही करते हैं। नर्मदा का जल आज भी गाँवों में उछाह और धूमधाम के साथ पूजा जाता है। नर्मदा में पिंडदान भी अपनी महत्त्वपूर्ण भूमिका रखता है। नर्मदा का जल काँवर में भरकर क्षेत्रीय शिवमन्दिरों में चढ़ाया जाता है। 'नर्मदेहर' पारस्परिक अभिवादन हेतु आज भी लोक में प्रयुक्त होता है। पुरुष और स्त्री नामों के लिए नरबदा और रेवा संज्ञाओं का प्रयोग बहुप्रचारित है। नर्मदा के विभिन्न घाटों पर बच्चों के मुंडन संस्कार सम्पन्न होते रहते हैं। नर्मदा की उपस्थिति मुक्तिदायिनी, कल्याणकारिणी और

अभीप्सित प्रदायिनी है–रेवा लोक का विश्वास है। नर्मदा-परिवेश और नर्मदातट पर भरनेवाले मेलों में लोक का नर्मदा के प्रति समर्पणभाव अभिव्यक्त होता है। प्रत्येक धार्मिक अनुष्ठान में किया जानेवाला संकल्प 'रेवा खंडे' के रूप में नर्मदा के साथ जुड़ी भौगोलिक सत्ता का ही अभिस्मरण है। इसमें निहित अस्मिता बोध लोक की प्रतीति है।

नर्मदा को लोक अपना मानता है–इसलिए नर्मदा में स्नान नहीं किया जाता–उसके जल से देह मार्जित नहीं की जाती। उसके जल में बुड़की लगाई जाती है। पूरी तरह से नर्मदा में पैठ जाना–समर्पित हो जाना–उसकी अँकवारों में अपने को शून्य बना देना–अपने होने का भाव समभाव कर देना–उसके तेजस्वी प्रवाह को अपने भीतर–अपनी आत्मा में भर लेना ही तो बुड़की है। ''अन बूड़े बूड़े तिरे जे बूड़े सब अंग।'' नर्मदा में बुड़की लगाकर सहजतापूर्वक मोक्ष लाभ किया जाता है–

''बलम रेवा में बुड़की लगाव
जनम जो तर जै है।''

प्राकृत और अपभ्रंश के कवियों ने नर्मदा का स्वरूप संस्कृत के कवियों से भिन्न स्तर पर किया है। वे बुड़की से परिचित थे। इसलिए उन्होंने नर्मदा की जलधारा को अभिभाषित मानकर–उसे आत्मीय अनुभव की अव्यक्त स्थिति में प्रवाहमयी रहने दिया है।

''आम बहला वणाल मुहला जरंकुणो जलं सिसिरं।
अण्वावार्रणं वि रेवाई तट वि अंझीगुणा के वि॥''

(''आम वहला बनाली मुखटा जलरंकवो जलं शिशिरं। अन्यनदी नामपि रवोया स्तथापि अन्ये गुणाः के पि।'')

गहन जलधारा, कलरव करनेवाले पक्षी, शीतल जल ये सब तो अन्य नदियों में भी होते हैं। किन्तु रेवा में कुछ और ही गुण हैं। नर्मदा का यह 'और कछू' रूप उसके चिर कौमार्य की कान्ति से ही झिलमिलाता रहता है। कंच कँवारी नर्मदा को उसका मायका जिस झाँकी और आसक्ति से पूजता है, जिस नेह छोह से उसे दुलराता है उसका तो लोक की इन निश्छल अभिव्यक्तियों से ही अनुभव किया जा सकता है। आर्यासप्तशती के कवि ने भी नर्मदा की इसी अन्तरंग शक्ति का उल्लेख अपनी वाणी में किया है और उसे न्यारी-प्यारी नदी की तरह ही सम्बोधित किया है–

''मुक्ताम्बरै धावतु निपततु सहसा निम्नगा वास्तु।
इयमेव नर्मदा ममवंश प्रभावनुरूपरसा।''

आकाशमार्ग से नीचे आई त्रिपथगा गंगा भले की आकाशगंगा, पातालगंगा और मर्त्यलोक की भागीरथी गंगा लोगों की दृष्टि में महिमा मंडित हो–मुझे तो केश गुल्मों से उद्भूत सुस्वादु जलवाली नर्मदा ही प्रिय है।

●●●